Gentle Measures in the
Management and Training
of the Young

非暴力教育

抑制叛逆心理、鼓勵順從行為，停止鞭打責罵

孩子也能自主聽話

雅各布·艾伯特——著

胡彧——譯

U0087462

當東方傳統的「打罵教育」
遇上美國教育家的「柔性管理」

雅各布·艾伯特告訴你：只有無能的父母才會訴諸暴力，
孩子之所以不聽話，是因為「認同感」尚未成立！

目錄

第 01 章　教育孩子，首先要選對方法

三種不同的教育方法 ································· 10

什麼才是正確的方法 ································· 14

第 02 章　無能的父母才會選擇暴力

第一種帶有暴力性質的教育方法—體罰 ················· 18

第二種帶有暴力性質的教育方法—對孩子進行恐嚇 ········· 19

第三種帶有暴力性質的教育方法—嚴厲的斥責 ············· 21

拋棄暴力，用「懷柔」的方法教育孩子 ················· 22

第 03 章　父母必須要有權威

父母應該承擔的兩個重要責任 ······················· 27

父母如何發揮自己的權威 ·························· 29

第 04 章　教孩子聽話的第一種方法：有錯必懲

誰該對孩子不聽話負責 ···························· 42

讓孩子聽話的三種方法 ···························· 45

一旦開始就要執行 ······························· 48

第 05 章　懲罰孩子的基本原則

懲罰的性質與做法 ······························· 57

懲罰的目的是告訴孩子：有錯必懲 ···················· 63

爭取得到孩子的合作，這會讓孩子熱心於改錯 ············· 65

CONTENTS

懲罰也可以充滿樂趣 ················· 68

懲罰也要講究方法 ················· 71

第 06 章　教孩子聽話的第二種方法：學會獎賞

孩子的順從不能是「買」來的 ················· 76

不妨間接給予孩子獎賞 ················· 78

獎賞的原則：把孩子正確的行為與獲獎的快樂連繫起來·· 80

不能讓孩子從聽話變成盲從 ················· 82

第 07 章　培養孩子也是一門藝術

培養孩子是父母的責任 ················· 90

給父母的三條指南 ················· 97

第 08 章　教孩子聽話的第三種方法：了解孩子

認清什麼才是正確的 ················· 100

褒揚正確，但絕不能忽視錯誤 ················· 102

讓孩子學會對自己負責 ················· 103

第 09 章　情感共鳴導致的認同感：孩子之於父母

情感共鳴的力量 ················· 114

從情感共鳴中產生的認同感在兒童時期的作用 ········· 117

孩子為什麼會恐懼 ················· 120

第 10 章　情感共鳴導致的認同感：父母之於孩子

蹲下來，與孩子分享快樂 ················· 124

走進屬於孩子的世界 ················· 125

與孩子形成共鳴必須要憑藉真切的情感 ················· 127

適應孩子的觀點 ················· 129

孩子的「傻瓜式恐懼」 ………………………………… 130

當孩子犯了錯 …………………………………………… 133

第 11 章　對孩子要多關心，少挑剔

表揚總比懲罰好 ………………………………………… 139

讓孩子形成習慣 ………………………………………… 140

孩子為什麼會犯錯 ……………………………………… 143

表揚與懲罰的分寸 ……………………………………… 144

「放之四海而皆準」的方法 …………………………… 150

第 12 章　孩子犯錯並非故意

孩子犯錯，在於他還無知 ……………………………… 156

人人都會犯錯，因而不能揪住孩子的錯不放 ………… 158

千萬不要嘲笑孩子 ……………………………………… 161

第 13 章　孩子本性就好動

孩子好動是有道理的 …………………………………… 164

孩子蹦蹦跳跳不是壞事 ………………………………… 166

引導孩子行為的實用原則 ……………………………… 169

第 14 章　孩子的想像力

父母要努力使孩子的想像力之樹茁壯成長 …………… 174

父母促進孩子想像力發展的幾種方法 ………………… 176

心理的活動可以緩和疲勞的肌肉 ……………………… 189

第 15 章　真話與假話

讓孩子講真話是父母的責任 …………………………… 192

什麼是真的，什麼是假的：孩子真的不明白 ………… 193

CONTENTS

孩子很難區分想像和記憶··197

父母如何教孩子區別真和假··199

第 16 章　孩子的判斷和理智

心理成熟是一個漸進的過程··204

在重要問題上，切莫信賴孩子的理智··············207

對待孩子理智的處理方式··209

用柔和的方法啟發孩子的智慧··212

一般的原則··215

第 17 章　認真對待孩子的願望和要求

在一些關於孩子的重要事情上，父母要保持絕對的權威··218

在一些不重要的事情上給予孩子足夠的自由空間··············218

在事前而不是事後認真傾聽孩子的心聲··············219

要這樣對待孩子的願望··225

第 18 章　珍視孩子的發問

好奇心強烈的孩子最聰明··228

不要將孩子的發問看做自己煩惱的源泉··············229

對待孩子的發問，回答宜簡短··229

回答應該是溝通式，而不是說教式··············232

一個即使沒有什麼新資訊的回答也是適宜的··············235

要時刻準備說「我不知道」··237

第 19 章　教孩子正確使用金錢

不正確的做法會造成終生的傷害··240

定期給孩子一些零用錢，讓他們學會管理金錢··············241

指導孩子理財的兩種方法··242

金錢的使用：學會讓孩子自己承擔責任 ·············· 245

金錢的使用：讓孩子懂得義務 ·············· 246

不妨與孩子進行一些小小的交易 ·············· 247

不正確的做法會導致的苦果 ·············· 249

第 20 章　體罰並不是好方法

《聖經》的訓導 ·············· 252

何時會用到體罰 ·············· 253

孩子固執地與父母持久對抗怎麼辦 ·············· 256

軀體的疼痛會很快過去，心靈的創傷會停留很久 ··········· 259

第 21 章　讓孩子知道對父母感恩

愛的兩種形式：獲得愛，給予愛 ·············· 262

孩子情感發展的順序 ·············· 264

感恩教育的培養 ·············· 269

第 22 章　結語

人生早期留下的印象影響深遠 ·············· 274

童年時形成的基本概念貫徹終生 ·············· 275

父母應該給孩子一個快樂的童年 ·············· 275

CONTENTS

第 01 章
教育孩子，首先要選對方法

「懷柔」的方法培養和教育孩子 —— 這是本書的中心思想內容。一些父母看到這句話以後，很可能會產生一種誤解。這種誤解源自「懷柔」這個詞語，因為在相當一部分父母看來，「懷柔」就是要拋棄自己在孩子面前已經樹立起來的「權威」，並轉而用一些小手段、小花招來愚弄孩子。有些父母甚至將這種「懷柔」方法看做是一種軟弱、低效的教育手法。但是，本書所要說的「懷柔」手法卻並非這些父母所誤解的那樣，「懷柔」手法的真正目的在於幫助父母在孩子心裡樹立一種全方位的、絕對的、不容動搖的權威。透過本書，各位父母可以了解如何更好地建立及保持這種權威。

▎三種不同的教育方法

父母為了使孩子服從管教，通常會採用以下三種方法：

1. 耍小手段、小花招的教育方式
2. 循循善誘，並且給予孩子足夠的情感關愛
3. 用父母的權威使孩子服從管教

1・耍小手段、小花招的教育方式

許多母親在將要與孩子「正面交鋒」的時候，往往採取迴避的態度，轉而用哄騙、隱瞞等手段來使孩子順從自己的意願。

舉個例子說吧，一位大病初癒的母親，想和丈夫一起坐著馬車到野外去呼吸一下新鮮空氣。不過因為她的身體還很虛

弱，她希望路上能有一個清靜的乘車環境，所以她決定不帶自己的小女兒瑪麗一起去，避免瑪麗一路上吵吵鬧鬧。但是，這位母親也很清楚：如果瑪麗看見了停在家門口的馬車，並且知道了父母都要乘車遠遊的話，她一定會吵著一起去。這時，母親為了掩飾自己的真實用意，便耍了一個小花招。她悄悄地脫掉了女帽和圍巾，趁馬車沒來之前對瑪麗說，妳可以去外面看看小鳥的巢穴，或是和姐姐一起去花園玩耍。同時，她還叮嚀瑪麗的姐姐一定要讓瑪麗在花園裡玩得不亦樂乎，直到馬車出發。但是，如果瑪麗聽到了馬車到來時的聲響，或是因為一些其他的原因對母親產生懷疑，這位母親所使用的小手段很容易就會被識破。我們可以想像，瑪麗會十分反感，更有甚者，瑪麗會堅持待在屋裡，使母親無法成行。在這個時候，有些母親會隨便捏造一些藉口，比如謊稱自己要去醫生那裡看病，如果瑪麗非要跟去的話，醫生就會強迫她服用一些很苦的藥。母親認為，這樣的托詞能夠使瑪麗不再跟著自己一起出門。

　　但是，當瑪麗佇立在門口，看著馬車漸行漸遠的時候，她的臉上是否會出現迷茫與困惑的神情呢？她的情緒是否會因為對醫生的畏懼和對母親的不信任、失望、惱怒而產生激烈的碰撞呢？經過這樣的打擊，很可能使瑪麗幼小的心靈形成難以癒合的傷口。而這些所有，瑪麗的母親是否能夠考慮到呢？當母親坐在馬車上，看到瑪麗的身影逐漸模糊時，她的嘴角很可能會露出一絲得意的微笑，她會為自己成功地欺騙了女兒而感到沾沾自喜。

　　母親說「要去醫生那裡看病」，這個理由或許是真的，不

過在大多數情況下都是母親在撒謊。對女兒撒謊的母親很難區分欺騙與虛假的界線，並且會逐漸將這種方法變成一種習慣。尤其是母親每次都能成功地依靠撒謊來騙取孩子的信任，在這之後，母親更會毫不猶豫地以撒謊來達到自己的目的。

2・循循善誘，並且給予孩子足夠的情感關愛

很多母親認為，教育孩子的時候應該循循善誘，並且給予孩子足夠的情感關愛。因為只有這樣才能對孩子產生良好的影響。例如，在與上面相同的情形下，母親就會將小瑪麗叫到身邊，一邊用手輕輕地撫摸著她的頭髮，一邊對她說：「瑪麗，今天下午媽媽要和爸爸坐著馬車遠行，但是妳不能跟著一起去。妳也知道，媽媽的身體最近一直不好，現在大病初癒，到野外走走能夠幫助媽媽的身體早日康復。我知道妳很愛媽媽，也希望媽媽能夠早日康復。媽媽還知道瑪麗是個聽話的好孩子，會乖乖地待在家裡，對嗎？這樣，媽媽會更加愛瑪麗，爸爸也會更加愛瑪麗。等媽媽的身體好了以後，就帶著瑪麗一起出去玩，好嗎？」

這位母親使用這種教育方法，目的是希望孩子能夠明白自己所講的道理，同時喚起孩子對母親的那種深厚親情。

3・用父母的權威使孩子服從管教

與前兩種方法不同，第三種方法則是用父母樹立起來的權威來使孩子服從管教。仍以與上面相同的情形為例，擅長用這種方法教育子女的母親會說：「瑪麗，下午我要和妳爸爸坐馬

車遠行，為了妳好，我們決定不帶妳一起去。」

「為什麼呢？」瑪麗有些疑惑地問。

「現在我還不能告訴妳為什麼，」母親說，「但我回家以後，一定會給妳一個解釋的。如果妳是個乖孩子，就規規矩矩地待在家裡。妳可以坐在門前的小椅子上，看著馬車到來，我和妳爸爸上車、出發，妳可以向我們揮手道別。」

這個時候，如果母親發現小瑪麗的臉上閃過一絲不悅的神情，或是表現出一些不情願的肢體語言，她還會接著說：「如果妳不能乖乖聽話，還要到處搞亂的話，在出發前，我會把妳關在房子後面的暗室裡。」

很多情況下，母親這句最後的補充幾乎是沒有必要的。如果瑪麗對母親的這種教育方法已經習以為常，她是不會搞亂的。而且她馬上就會意識到，這個問題已經沒有必要再繼續爭論下去。因為無論怎樣，母親都不可能改變決定了，即使她表現出叛逆、反抗的神情或行為也無濟於事。瑪麗雖然會為自己無法與父母一起遠行而感到遺憾，但她絕不會進行激烈地抵抗。因為在此之前，瑪麗就已經發現，就算自己用大聲嚷嚷或其他一些搞亂的行為來表示自己的不滿，也從來沒有得到過父母的遷就。所以，當孩子用反抗方式表達不滿卻無法取得成功的時候，他就不得不放棄這種做法。而對一個從來沒有這些經驗的小孩來說，他完全就不會想到要用這些方法與母親對抗。

什麼才是正確的方法

　　在這一章，我們介紹了三種教育孩子的方法。只有最後一種方法能夠讓父母放心、孩子安心。在父母「懷柔」手法的輔助下，採用這種方法來教育孩子，其成效要比其他兩種方法好很多，本書的目的就是要向各位父母展示這種良好的效果。教育孩子的目的在於使他們變得理智。在這一過程中，父母自身的技巧和能力固然很重要，但是要使這種方法取得最好的效果，就必須建立在一個牢固的基礎之上。這個基礎就是：孩子要絕對服從父母的權威。

　　父母對孩子負有撫養、教育的責任。一部分父母認為靠一些小手段、小花招就能使孩子服從自己；或是認為孩子對父母

所給予的愛心存感激，寧願委屈自己也要讓父母高興。而且這些父母想當然地認為孩子會理解父母的訓話，並且學到其中正確、合理的道理。事實上，以上所有的做法與想法，都無法讓孩子乖乖地服從父母。只有當父母樹立起一種絕對的、長久的權威之後，才能讓孩子學會無條件地服從。能不能樹立起這種權威，就要看父母的執行能力了。

第 02 章
無能的父母才會選擇暴力

　　「懷柔」之道作為教育孩子的一種方法，並不能替代父母的權威，而是為父母絕對權威的建立和維繫提供一條最有效的途徑。現在，我們就來探討一下「懷柔」之道的性質、行為特點及其所產生的影響，進而區別出這種方法與那些帶有暴力色彩的教育方法的不同之處。

　　用「懷柔」之道來教育孩子，就是要在孩子的心裡施加一種堅定的、沉靜的，同時又使其振奮的影響；或是在他們性格形成的過程中施加一種有益的、正面的影響。如果採取與之相反的方法，那就只能激怒孩子，使他們受到不良的心理刺激。

　　母親對孩子進行教育的時候，經常會不自覺地使用暴力，根據形式與程度的不同，這些方式又可以分為三種。為了說明這一點，我們可以舉出下面這個例子：

　　某天，四歲的路易莎跟媽媽要一顆蘋果，媽媽問她是否已經吃了蘋果。

　　「只吃了一顆。」路易莎回答說。

　　「這樣的話，媽媽就再給妳一顆。」媽媽說。

　　其實，路易莎撒謊了，因為她不光吃了自己的那顆蘋果，還吃了姐姐布麗姬特的那顆蘋果。布麗姬特雖然知道路易莎在撒謊，但她認為自己沒有必要去戳穿這個謊言，所以，她也就沒說什麼。但是過了不久，媽媽就知道了事情的真相。

　　如何處理這件事呢？很多母親可能會採取下面這三種帶有暴力性質的方法。

第一種帶有暴力性質的教育方法—體罰

體罰的負面影響：

首先，體罰會對孩子造成身體上的創傷。一些母親很可能會在一氣之下打孩子，又或是將孩子關在一個限制其自由、使其感到難受的地方。有些母親還會使用其他會帶給孩子身體創傷的方法。

其次，體罰會造成孩子心理上的傷害。在很多父母的潛意識裡，「孩子不打不成器」是教子良方。這些父母認為，體罰能使孩子意識到並改正他們的錯誤，並永不再犯。這種看法無疑是值得商榷的，因為這一類做法無論成功與否，都帶有極大程度的暴力色彩。體罰會使孩子脆弱的神經受到驚嚇，甚至在他們的心裡烙下永遠的痛苦與恐怖的印記。這種過度的刺激可能會導致孩子在很長時間內對父母懷有一種怨恨與憤怒之情。

體罰這種教育手法對腦部產生的極度刺激可能在幾個小時以後就消失了，而且在身體上也不一定留下明顯的傷痕。但是，如果從另一個角度來看的話，父母們反而應該加倍警惕：如果這種劇烈的影響經常重複的話，就會使孩子身體各部分器官的正常發育受到阻礙。這也許就是孩子長大以後變得神經錯亂或是身體機能失調的根源所在，而且這為孩子日後的生活埋下了嚴重的隱患。不管這種負面影響是否會伴隨孩子的一生，這種糾正錯誤的做法本身就充滿了暴力的味道，理應受到批評。

第二種帶有暴力性質的教育方法—對孩子進行恐嚇

　　這是第二種帶有暴力性質的教育方法。其主要後果就是在孩子的心靈中留下了痛苦、恐怖的刺激，或者是一種能夠引發其他痛苦和不愉快的感覺。尤其是一些關於鬼怪、幽靈或其他的恐怖故事，當父母用這些故事嚇唬孩子以後，其影響往往不會像體罰那樣在短時間內就消失，反而在經過孩子豐富想像力的作用以後變得更大，使他們覺得做錯事以後，就會激起鬼怪的憤怒，等到晚上，這些鬼怪就會把小孩帶走，並且給予他們嚴厲的報復。一些家庭幫傭在看管孩子的時候，往往傾向於使用這種方法，因為他們不能對雇主的孩子造成直接的身體創傷，所以，他們便嘗試使用這種手段來管理孩子。但是這種方法在許多層面反而會對小孩造成更為嚴重的傷害。

1 · 恐嚇只是保姆與幫傭的教育方式

　　很多位於歐洲大陸的國家裡，保姆和幫傭往往都傾向於使用這種方法來教育那些被他們照顧的孩子。一是由於這些保姆與幫傭已經習慣了這種教育模式，二是在歐洲一些國家有一種觀念廣為流傳，並且得到了人們的接受和認可。這種觀念認為，在孩子的成長過程中，父母透過說假話的方式能夠使小孩變得誠實，而且效果極為明顯。在這些人看來，這是一件積極、有益的事情。所以，為了使孩子趨善避惡，他們便用一種貌似流暢而且誠懇的語氣，沉靜且堅定地告訴孩子：世界上存

第 02 章　無能的父母才會選擇暴力

在著巨獸與妖怪，牠們會帶走那些不聽話的孩子。孩子們出於本能，會對父母的話深信不疑。但是，這些話往往存在著很多漏洞，父母對此又不能自圓其說，所以當孩子對父母的話產生懷疑，使其處於下風時，他們就會用「下不為例」等言辭來搪塞。而且在父母與孩子對話時，往往缺少那種肯定、自信的語氣，這就使孩子難以信服他們的話，做父母的也會因此感到內疚和尷尬。在言談中，父母的這種尷尬之情會在不經意間顯露出來，這時，孩子就難以完全相信父母。在孩子的認知裡，雖然他們怎樣也不會相信自己的父母竟然用虛假的東西來欺騙自己，但他們還是會情不自禁地產生懷疑。

✧ **妖怪來了**：在歐洲的許多國家，即便是這個國家最有教養、最有文化的階層，當在教育子女時如果需要背離道德，他們也絲毫不會感到尷尬。尤其是在歐洲大陸的一些國家，這種情況最為明顯。在某些場合，有人往往會為了獲得一個積極的結果而說假話，這種做法在這些國家極為盛行。例如，在法國的孩子心中，有兩隻名為克羅克米泰納先生與克羅克米泰納女士[1]的熊精，牠們像火爐旁的聖誕老人一樣令人熟悉，但實際上牠們卻是令人感到害怕的魔獸。傳說牠們會在晚上從屋頂或是煙囪爬下來，將那些不聽話的孩子帶走；牠們只要將孩子的小手放在耳邊，手指就會洩露出這些孩子曾在什麼地方做過什麼壞事。孩子打從心底認為父母講得這個故事是真的，即使孩子認為這個故事很荒謬，他也無法將心中的恐懼完全克服。

1　克羅克米泰納先生與克羅克米泰納女士，法文是 Monsieur and Madame Croque Mitaine，法文中指傳說中的妖怪。

✧ **如果你不乖乖聽話，警察就會把你抓進監獄**：事實上，很多父母並不想用克羅克米泰納先生與克羅克米泰納女士這類妖魔鬼怪的故事來嚇唬自己的小孩。但為了維護自己在孩子面前搖搖欲墜的權威，他們退而求其次，用一些「黑衣人」或是「警察」來嚇唬小孩。這些父母也許認為，所謂的鬼怪故事不過是一些荒誕不經的傳說而已，但警察與監獄卻是真實存在的。因此，許多母親會這樣嚇唬孩子：如果你不乖乖聽話，警察就會把你抓進監獄。

2・恐嚇會帶給孩子的心靈創傷

以上所說的這些方法，都是父母們針對孩子的弱點，利用他們想像出來的恐怖事物嚇唬他們。雖然不會對孩子的身體造成直接傷害，但是，這樣做卻會對孩子大腦的敏感組織產生過度的刺激，而且這種恐怖、刺激的印象在某個時刻會莫名而突然地產生，尤其是在黑暗或是獨自一人的時候，這在醫學上被稱為「暫時性精神錯亂」。更為嚴重的是，如果對神經系統產生極度的刺激，有時甚至能夠造成真正的精神錯亂。儘管這種「暫時性精神錯亂」在很多時候會消失，但對很多孩子來說，還是會在他們的心裡烙下終身難以磨滅的印記。

第三種帶有暴力性質的教育方法—嚴厲的斥責

從使用頻率來看，第三種處理方式更為常見。它的處理特點雖然要比前兩種方式更為溫和，但從它的操作方式及影響來

看，仍然可以將它歸為帶有暴力性質的教育方法的範疇。這種方法主要是對孩子進行嚴厲的指責和責罵，從而使他們對自己所犯的過錯產生強烈的愧疚感，父母希望這樣做以後，孩子會對犯錯產生一種可怕的預期，從而達到喚醒孩子心靈警覺及憂慮的目的。父母採用這種方法是想讓孩子能夠改正自己的錯誤。這種方法，如果單純考慮是否對孩子的身心造成創傷，那麼它確實算不上暴力。但在某些時候，它所帶來的禍患卻是災難性的。父母們必須了解一點，孩子敏感的神經系統及心理情感很容易受到刺激與攪動。如果母親用這種方法「成功」給孩子留下了深刻的印象，尤其是女孩子，會對她脆弱而敏感的神經系統產生極為深遠的影響。這種影響會持續很長一段時間並且會經常顯現出來。她可能會在某個深夜突然醒來，內心充滿焦慮和恐懼，然後跑到媽媽床前，在她的懷裡尋求慰藉。

任何一個有良知的母親都會時刻為孩子的幸福著想，她們也許會說，寧願讓孩子忍受一時的痛苦，也不想讓孩子沉淪於罪惡中。但是，如果母親們不用這些可怕的方法，也能達到同樣的目的，那豈不是更好嗎？

▎拋棄暴力，用「懷柔」的方法教育孩子

如果一個孩子缺乏自律的能力，那麼父母就需要採取「懷柔」之策對其進行教育，這種方法有很多種形式。本書就是要清楚地告訴父母們「懷柔」之策的性質和操作方式，以及在操作過程中父母應該用怎樣的精神及心理狀態來面對。這種策略

的獨特之處，就在於父母與孩子之間是以一種溝通的姿態來進行的。我們將再次以上面的故事為例對此進行說明：有一個叫路易莎的女孩，因為一顆蘋果而向母親撒謊。上文已經詳細地描述了這個故事，在此不作贅述。

【家教實例】—再好的方法，也要選對時機

儘管路易莎在回答母親的問題時，母親也曾經對她的回答產生過懷疑，但母親還是放棄了懷疑，面帶著微笑又拿了一顆蘋果給路易莎。當母親知道了事情的真相以後，也並沒有說什麼。這一天就像平時一樣，就要平淡無奇地過去了。到了晚上，當路易莎上床睡覺時，母親幫她換了睡衣，又和她一起玩了一會，並且一直用愉悅的口吻和她交談。母親採取的這些舉動使路易莎不知不覺地進入了一種歡樂祥和的氛圍，這種氛圍能夠幫助母女倆建立一種親密、和諧的感情。當路易莎禱告完了，馬上就要入睡的時候，母親便坐在她的床頭，用手輕撫著路易莎的頭髮。

母親說：「我跟妳說個故事吧。」

「有個男孩，他的名字叫恩內斯特。他是一個很帥的大男孩，其實也才五歲而已。」此時，路易莎的腦袋裡一定也在想著什麼，因為她只有四歲。「他有藍藍的眼睛，捲曲的頭髮，而且還是個很乖的孩子。因為他從來都不會做錯任何事，只要他做錯了事，就會感到十分不安，怎樣也高興不起來。一個乖孩子在做了錯事以後，都會感到不開心，我想路易莎也會這樣吧？」母親說。

「是的，媽媽，我也會這樣的。」路易莎回答說。

「妳能這樣說媽媽很高興，因為這是一個很好的開始。」母親說。

母親接著講道：「有一天，恩內斯特與表妹安娜一起去叔叔家

裡。他們希望叔叔能夠讓他們吃蘋果，叔叔同意了，並且許諾給他們每人三顆蘋果。叔叔讓他們在果園裡等他回來，不過在這期間，他們不能爬到樹上摘蘋果，但是他們可以撿從樹上掉下來的蘋果吃。如果每人撿的蘋果不夠三個，那麼叔叔回來以後就會給他們補齊三個。於是，他們來到果園，在樹下找蘋果。他們找到了兩顆蘋果，一人一顆分著吃。吃完以後，他們就坐在樹下，安靜地等待叔叔歸來。突然，安娜提議說：『不要把剛才發生的事告訴叔叔，這樣我們就可以多拿一顆蘋果。如果叔叔知道我們已經各吃了一顆蘋果，那麼我們一人就只能拿到兩顆蘋果了。』恩內斯特說：『叔叔一定會問這個問題，我們不能撒謊。』安娜卻說：『只要告訴他我們從來沒有發現任何蘋果就行了。』恩內斯特考慮了一下，然後搖搖頭說：『不，我想還是不能跟叔叔撒謊。』

「叔叔回來以後，恩內斯特說：『走吧，安娜，我們把這件事告訴叔叔吧。』於是，他們就跟叔叔說已經發現了兩顆蘋果，一人一顆分著吃了。叔叔遵守自己的諾言，又給了他們一人兩顆蘋果。回家的時候，他們的心裡都洋溢著一股喜悅之情。

「如果他們聯合起來向叔叔撒謊，每人就會多拿一顆蘋果，但那樣做的話，他們在回家時就會有一種忐忑與內疚之情。」

講完了故事，為了讓路易莎有足夠的時間去思考，母親特意停頓了一下。

經過適當的停頓以後，母親說：「我想，他們能夠說真話是最好的選擇。」

路易莎說：「媽媽，我也這樣認為。」然後她低下頭，臉上有一絲困惑的表情。

這時，母親用一種親切柔和的語調說：「但是，妳今天卻沒有告訴我，布麗姬特已經給了妳一顆蘋果的事啊。」

路易莎愣了一下，望著媽媽的臉，接著用手臂摟著媽媽的脖

子，大聲說：「媽媽，我今後再也不會向您撒謊了。」

　　如果這件事就這樣結束了，那麼，路易莎是不可能完全遵守自己的諾言的。對路易莎而言，雖然這是一堂很好的教育課，但卻只上了一堂課而已。而且母親對她的教育方式如此柔和，根本不會給她的神經系統、大腦及心理功能造成任何劇烈的影響。在這場對話中，母親所用的教育方法無疑是正確的，這一點即便是那些對孩子的心理結構一無所知的父母也不會懷疑。與上面所介紹的三種帶有暴力性質的方法相比，這種方法具有更加柔和的特點。

　　我們既然建議父母採用「懷柔」之策來教育孩子，也就意味著父母絕對不能使用暴力，也絕不能意氣用事。因為孩子的大腦及神經組織較為敏感，有些甚至還處於萌芽階段。在這種情況下，孩子是無法承受暴力手法的刺激的。值得注意的是，採用懷柔之策，不意味著父母的權威會逐漸消失，也不會降低父母對孩子的道德要求。可以說，這是父母建立並執行這種權威最穩妥、最有效的途徑。

第 03 章
父母必須要有權威

在培養孩子時，父母的首要任務就是要建立起自己的權威，要使孩子即時、準確、不容置疑地服從自己的命令。想要做到這一點，父母首先應該給自己確立一個信念 —— 這樣做是一項重要的責任。

令人遺憾的是，完全沒有履行這一職責的父母的數量仍然很多，其中一部分父母在理論上都對這種責任沒有任何意識。

身為一位母親，她也許會這樣說：「在深思熟慮的基礎上，透過對孩子的教育，希望孩子能夠明白，父母這樣做都是為他著想。這樣，他就能很高興地服從我的意願，不會受到像某些父母那樣武斷、專制的權威影響，從而使自己變得盲目。」

不過這位母親忽略了一件事，那就是孩子的理智和思考能力的發展、對事物性質的認知等能力，都是透過慢慢學習才逐漸形成的。如果在孩子很小的時候，父母就要求他能分辨善與惡，進而抑制或打消他對一些事物的渴望及激情，這未免是一種奢望。因為這些能力都是孩子在長大後才能具備的，孩子幼小心靈的發育速度是十分緩慢的。因此，在人生的初始階段，我們不能指望他們自己會主動去做什麼和不做什麼。如果想要建立基礎穩固的母子關係，母親就應該憑藉自己已經成熟的心智與思考能力，為理智和思考能力尚不成熟的孩子提供正確的指引與方向，對母親而言，這才是最明智的選擇。

父母應該承擔的兩個重要責任

父母應該對孩子承擔的責任包括以下兩個主要方面。第

一，在孩子處於發育期的時候，為他們的身體發育提供必要的物質條件，使孩子能夠茁壯成長；第二，當孩子的人生觀、價值觀、世界觀開始成形的時候，要為他們指引正確的方向。可以說，第二個責任要比第一個責任更為沉重。一部分父母認為，在心智不成熟的情況下，孩子也能夠控制自己的行為和思想；另外一部分父母則認為：孩子身體上的發育雖然尚未健全，卻可以自主生活。毫無疑問，父母的這兩種看法都是極端錯誤的，而且也必然會導致教育的失敗。如果要從兩種看法中找出不同，那麼只有一個：前者讓孩子的身體受罪，後者讓孩子的心靈受苦。

在教育孩子過程中，要注意兩點：

1. 孩子的判斷力比體格的發育還晚：事實證明，與身體的發育速度相比，孩子在思考與理智分析問題的能力方面的發展速度緩慢許多。因此，從長遠的角度來看，孩子在很長的一段時間內受到父母的教育，是十分重要的。人們一般都認為，七到十歲的男孩，就已經具備了獨立生存的身體條件。但是，孩子的心智並不成熟，所以父母還是不敢放手讓孩子獨立處理一些事情。而在法律上，孩子成為成年人的年齡還要多上一倍。其實，對於孩子的身體發育，父母大可放心，但卻不能高估孩子理智分析問題的能力。

2. 父母該如何對待孩子的反抗情緒：父母應該承擔的一個重要職責，就是培養孩子獨立思考、理智分析問題的能力。不過，培養孩子的這些能力是一回事，作為一種教育方式，父母要在孩子心中樹立權威則是另外一回事。如果父母能夠在恰當的時機用恰當的方式來教育孩子，就會收到

意想不到的良好效果。但是，當孩子對服從命令產生疑惑時，就說明父母已經錯過了最佳時機；當父母用勸說的方法來使孩子順從時，就說明他們選擇了錯誤的實施方式。有些時候，父母可以為自己對孩子的命令做出一些解釋，使孩子依靠自己的判斷力來決定是否服從這些命令，但是絕對不能把講道理作為使孩子聽話的方法來用。

父母如何發揮自己的權威

讀者千萬不要產生這樣一種誤解，那就是當父母用自己的權威來教育孩子的時候，必須始終保持一種嚴厲的態度，或者是蠻橫、不講道理地對孩子下達命令，又或是不對自己向孩子下達的命令作任何解釋。以上所說的都是父母對「權威」一詞的片面認知，其實，父母所採用的方式越柔和，在表達自己的願望時的態度越親切、語調越舒緩，所收到的效果就越好。母親對孩子提出一個希望，無論表達方式多麼溫和，其中都包含著一種權威，孩子必須毫不含糊地立即執行。母親可能會說：「瑪麗，妳能暫時放下手中的玩偶嗎？幫我把這封信送給在圖書館的爸爸。」或是說：「強尼，再過五分鐘，你必須收拾好玩具積木，準備上床睡覺，到時我會叫你。」又或是用一句「詹姆斯，看看現在幾點了。」來提醒孩子上學時間到了。如果孩子習慣了父母的這種權威，那麼無論母親說話時的語氣多麼輕柔，孩子都會乖乖聽話。

1·優柔寡斷可能招致孩子的憎恨

很多母親因為害怕會使母子之間的親密關係疏遠，完全沒有想過去嘗試建立這種權威。有這樣想法的母親經常會說：「我希望孩子能夠愛我。我心中始終有這樣一個至高無上的主導理念：如果我總是用母親的權威來阻礙、限制孩子的自由，他就會認為我是一隻攔路虎，阻擋了他通向快樂、幸福的路。那麼我不但不能教育孩子，反而可能成為讓他反感或是厭惡的對象。」

在很大程度上，母親的這種擔憂有一定的道理。但這卻不能作為父母不建立權威的藉口。原因很簡單，母親根本沒有必要用阻礙、限制的方法去建立自己的權威。孩子對母親的愛，很大程度取決於母親能否給予他們足夠的支持，能否與孩子共同去做孩子喜歡做的事，能否分享孩子的苦樂、失望或是悲傷等情感。在這方面，母親要讓孩子隨心所欲，滿足他們的願望。母親的公正、合理、堅定而又絕對的權威，不僅不會弱化或是威脅到孩子對母親的愛，反而會使這種愛不斷得到強化和加固。實際上，只要人類能夠對自己喜愛的人或事給予足夠的尊敬，便能在兩者之間形成一種不斷強化的情感。反之，母親即使不教育自己的孩子，也並不會讓孩子更愛她，最後只會讓孩子對她產生憎恨。

在家庭中，母親不僅要使自己成為孩子的玩伴、朋友，對孩子想要進行的一些無害的玩耍也應該給予足夠的自由空間，對孩子所犯的一些在成年人看來十分幼稚的錯誤也應該給予足

夠的耐心與寬容。同時，當需要運用母親權威的時候，母親要用一種公平、絕對、至高無上的權威對孩子提出要求。這樣，母親在孩子心中的地位將得到巨大的提升，就像一位臣民忠心耿耿地對待自己的國王一樣，孩子對母親的愛也將昇華。

反之，如果母親忽視了自己與生俱來的母愛，那麼在與孩子進行交流的時候，就很難贏得孩子對自己的愛，而且她永遠都無法在孩子心中樹立自己的權威。不管是男孩還是女孩，他們都會清楚地看到母親的缺點，這就降低了母親在他們心中的地位，而且孩子對於母親的教育，也不會用應有的態度去接受。隨著孩子逐漸長大，他們就會變得更加難以教育。為了使他們不在家裡搗亂，母親只能把他們送到學校或是採取一些其他方法。因為只有這樣，這位可憐的母親才能不再遭受孩子長期的蔑視與否定，她才能從這種難以承受的精神負擔中得到暫時的解脫。在孩子小的時候，由於心智的不成熟，他們對母親的感情更多的是輕蔑，感恩之情是在很晚的時候才產生的，且很多情況下只是從輕蔑變成可憐。甚至隨著歲月的流逝，在母親作古以後，兒女們回想起她，也只會感慨母親當年教子無方，並未給予孩子真正的母愛。或許在這個時候，兒女們會對著媽媽的墓碑輕輕地微笑：「可憐的媽媽，當年教育我們的時候，妳的日子是多麼的難熬啊！」

如果一位母親想在有生之年就獲得孩子對自己的愛，那麼就必須要負起教育子女的責任，樹立自己的權威。

2・給孩子自由，但絕不放任自流

　　一些父母經常會談論在教育中給予孩子過分的自由有多麼大的危害。其實，父母們應該明白，只有在一些能給孩子身體造成傷害或不良影響的事情上給予孩子自由才是應該被譴責的，給予孩子自由這件事本身並不會帶給孩子危害。或者可以說，父母給予的自由使孩子的身心獲得滿足，並不是一件讓人聞之色變的事情。真正能夠產生危害的，是孩子沉溺於那些對身體有傷害的事物中無法自拔。不過在一般情況下，對孩子來說，父母所給予的自由是遠遠不夠的，而且在一些無傷大雅的事情上，他們的自由甚至受到了更大的限制。孩子出於天性，產生一些天馬行空的幻想或者衝動，甚至是一些詭異的想法，只要不會對他們造成傷害，父母都應該盡量滿足他們，這樣做得越充分，效果就越好。

　　所以，當小孩向父母問道「我可以做這件事嗎」或「我可以做那件事嗎」的時候，母親所要做的，並不是考慮孩子的行為或想法是明智的還是愚蠢的；也不是用自己的思想與情感來代替孩子考量；而是關心孩子這樣做是否存在危險、是否會造成任何傷害。如果沒有危險的話，就應該放心地給孩子一個肯定的答覆。

　　在給予孩子最充分的自由和對孩子進行絕對控制兩者之間，其實並沒有必然的衝突，也不存在不可調和的因素。父母在給予孩子最大自由的時候，反而更容易對孩子建立起權威。孩子可以在擁有充分自由的同時又對父母的教育極為順從。

相反，如果我們做不到這一點，孩子的生活就會因為父母的打斷、限制與拒絕而變得痛苦不堪，孩子也會變得難以教育。這個道理用一個例子便能說明。

【家教實例Ⅰ】──
自由和權威的配合，使孩子更容易聽話

母親要去一個村莊，途中會經過一片田野。她問自己的小女兒路易莎要不要一同前往。

路易莎問母親是否可以帶表妹瑪麗和她一起去。「好啊，不過，我想現在瑪麗應該不在家，但是，如果妳願意的話，可以去看看。」母親回答說。

於是，路易莎跑去找瑪麗，幾分鐘之後，路易莎回來了，瑪麗真的不在家。

母親說：「沒關係，妳想帶她一起去的這份心意就已經說明妳很有禮貌了。」

於是，她們上路了。在路上，路易莎在草地上亂跑，不時地將自己採集的花朵以及其他新奇的東西送給母親。母親默許了路易莎所做的一切，並對路易莎在大自然中感受到的驚奇與喜悅表示理解，她甚至還向路易莎講解她在田野中沒有觀察到的新鮮事物。後來，路易莎看到了一隻美麗的蝴蝶。

「媽媽，那裡有隻蝴蝶，我可以捉牠嗎？」

「妳可以捉捉看。」母親說。

於是，路易莎開始追逐蝴蝶，直到她累得跑不動了，才回到母親身旁，臉上帶著深深的失望。

「媽媽，我捉不到。」路易莎說。

「沒關係，」母親說。「不管怎樣，妳在捉蝴蝶時已經玩得很開

心了。說不定過一會妳會看到另外一隻呢。妳還有可能看到一隻小鳥，到時候，妳可以再試試看能不能捉到牠。」

於是，路易莎又懷著舒暢與快樂的心情去玩了。

在離大路不遠的地方，有一棵大樹。這棵樹被發霉的樹葉、青草和許多漂亮的野花所覆蓋，只隱隱露出了一截已經開始腐朽的樹幹。

「路易莎，」母親說，「妳看到那棵大樹下有許多美麗的花朵了嗎？」

「是的，媽媽。」

「回到路上來，直到我們離開這裡，我不希望妳走近那棵樹。」

路易莎聽從了母親的建議，不過在走路時，她望著媽媽的臉，想知道為什麼不可以走近那棵樹。

「見到妳想知道原因的樣子我很高興，」媽媽說，「當我們離開這裡以後，我就會告訴妳原因。」

路易莎一直走在路的另一邊。當她和母親遠離那棵樹以後，她就向母親詢問原因。

「因為我聽說樹底下有一個虎頭蜂窩。」

「虎頭蜂窩。」路易莎反覆地唸叨著這個詞，臉上明顯閃過了一絲惶恐的神色。

「是的，」媽媽笑著說，「我擔心虎頭蜂會蜇到妳。」

路易莎稍作停頓，回頭看了一眼那棵樹，然後說：「幸虧我沒有走近那棵樹。」

「妳很聽話，媽媽感到十分高興。」母親說，「我就知道，妳會乖乖聽話，而不會偏要問個究竟。我之所以沒有在當時告訴妳，就是害怕妳在經過那棵樹的時候會被嚇到。但我知道妳很乖，所以我每次散步的時候，總是很喜歡帶妳一起去。」

母親的讚揚使路易莎的內心洋溢著一種快樂的感覺。這件事以後，讓路易莎的心裡更加肯定與強化了一個原則 —— 必須要聽媽媽的話。與單純的責罵，或是動輒就對孩子進行體罰相比，這種教育方法顯然更為有效。

「媽媽，」路易莎問，「妳怎麼知道樹下有個虎頭蜂窩啊？」

「一個男孩告訴我的。」

「妳真的認為那裡有一個虎頭蜂窩嗎？」

「沒有，我認為那裡不一定真的有虎頭蜂窩。這可能只是那個男孩子捏造出來的一個謊言。」

「那妳為什麼不讓我去那裡呢？」

「萬一那裡真的有呢？我覺得妳不去那裡才是最安全的。」

路易莎問完之後，又開始到處亂跑，廣闊的田野上，到處都留下了她的足跡。最後，她筋疲力盡，氣喘吁吁，一臉倦容，再也走不動了。於是路易莎回到了媽媽身邊，媽媽說：「我也走累了，我們找個地方坐下來休息一下吧。」

「哪裡能休息呢？」

「我看見前面不遠處有一塊很大的石頭，妳還走到那裡嗎？」

「我想可以。」路易莎說著，身上似乎又充滿了力氣，一口氣便跑到了那塊石頭所在的地方。等媽媽到達的時候，她又想繼續向前走了。

就這樣，在母女倆散步的過程中，類似的情節不斷地重演。

在這個例子中，我們看到，父母堅定的教育與給予孩子充分的自由已經完美地交融在一起了。兩者之間根本不存在任何衝突，反而達到了一種驚人的和諧狀態。

【家教實例 II】─壓制孩子，會讓孩子變得無法教育

下面，我們再看看漢娜的母親如何教育漢娜的例子，它可以讓我們知道：就算母親將孩子的自由空間限制得極為狹窄，也無法對孩子進行有效的教育。

剛開始的情形與路易莎的例子相似，母親問漢娜是否想一起穿過田野去某個村莊。唯一不同的是，母親的真正用意在於讓漢娜在身邊幫自己拿包裹。

「好的，媽媽，」漢娜爽快地接受了媽媽的建議。「但是我想問一下表妹莎拉去不去。」

「不要叫她一起去，為什麼妳要叫莎拉一起去呢？她只會給我們增添麻煩。」

「她不會的，媽媽。我現在就去叫她。」漢娜一邊說一邊戴好了帽子，走出了家門。

「漢娜，不要去！」媽媽堅持道。「妳絕不能去，今天我不想讓

莎拉和我們一起去。」

漢娜對此卻毫不理會，徑直跑去找莎拉。幾分鐘之後，她回來了，原來莎拉不在家。

「很高興她不在家，我已經叫妳不要去找她了，妳卻不聽，一會在路上不要到處亂跑。」

但漢娜根本沒有把媽媽的話放在心上，因為她知道媽媽的話都只不過是放空炮而已。在穿過田野時，漢娜仍到處亂跑。

媽媽漸漸跟上了她，當她們經過牧場時，漢娜又開始在草地上狂奔。

「漢娜——」媽媽用一種嚴厲的語氣責備道，「過來跟媽媽一起好好地走，為什麼妳要不停地跑呢？在抵達村莊前，妳一定會覺得很累，然後妳就又要讓我停下來和妳一起休息。」

無論媽媽怎麼說，漢娜就是不理不睬。她在一塊石頭和樹叢之間來回穿梭，不時地把她採集到的一些新奇物品送給媽媽。

「我的孩子，妳找到的這些東西毫無用處。」媽媽說，「它們不是一些普通的野草，就是一些垃圾。還有，我告訴過妳很多次了，不要到處亂跑。為什麼妳就不能安安靜靜地回到媽媽身邊，像正常人一樣慢慢地走路呢？」

漢娜對媽媽的「三令五申」不以為意，仍然到處閒逛。

「漢娜，」媽媽又一次發話，「回到路上來，我已經跟妳說了好幾次了，快點回來跟我一起走，妳一點都不把我的話放在心上。過不了多久，妳說不定就會掉進一個小洞，或者被樹枝弄破衣服，被一些荊棘劃傷。漢娜，妳不能再走那麼遠了。」

漢娜全然不把媽媽的話當一回事，她繼續走著，尋找花朵與新奇的東西，離大路也越來越遠，只是偶爾才隨自己的意願返回媽媽的身邊。

「漢娜——」媽媽說，「妳不能離開大路太遠，絕不能走近那

棵樹，那裡有一個虎頭蜂窩，一定不要靠近那棵樹。如果妳非要走到那裡，就會被蜇到。」

漢娜繼續前行，在尋找花朵時，不知不覺地就靠近了那棵樹。

「漢娜——」媽媽聲嘶力竭地喊道，「我告訴過妳不要靠近那棵樹，妳一定會被蜇到的。」

漢娜此時有點猶豫，但是她並沒有在樹下面發現虎頭蜂窩。於是，她走進樹叢繼續採集花朵。

「漢娜——，漢娜——」媽媽大喊著，「妳一定會被蜇到的。」

漢娜卻說：「我不認為這裡有虎頭蜂窩。」

「那裡有虎頭蜂窩，有虎頭蜂窩！」

「也許沒有呢？」

「那裡有啊！一個男孩子告訴我的。」

「這裡什麼都沒有，男孩子們經常會認為一些沒有虎頭蜂窩的地方有虎頭蜂窩。」

過了一段時間，漢娜摘了足夠的花朵，才慢悠悠地回到了母親的身邊。

母親用嚴厲的口吻責備道：「我跟妳說了多少次了，不要走近那棵樹。」

「可是妳說如果我走近那棵樹，就會被虎頭蜂蜇到，但事實上，我並沒有被蜇到啊。」漢娜反駁道。

「是的，妳沒有被蜇到，那只是妳幸運而已。」然後，母親繼續前進。

沒過多久，漢娜就說自己累得走不動了，想停下來休息一下。

「不行，我之前就跟妳說過，如果到處亂跑，妳很快就會覺得疲憊。但妳卻一直不聽我的話。現在，我是不會停下來等妳的。」

漢娜說不管怎樣，她都要停下來休息一會。於是，她就坐在路

邊的一塊小石頭上休息。母親則繼續向前走，只留下漢娜一人。但是在往前走的時候，母親不時地回頭張望，並叫漢娜快點跟上來。漢娜仍然在那裡休息，一點也沒有要跟上來的跡象。最後，母親不得不找個地方坐下來，等著漢娜跟上來。

從這個例子裡，許多母親或許會看到自己的影子，因為她們也是這樣教育孩子的。前面的一個例子說明，給孩子最大限度的自由和對孩子施予最絕對的權威，這兩者互相配合會取得意想不到的良好效果。但是這個例子卻讓我們看到一個可怕的現實：如果母親一味地拒絕和壓制孩子心中的衝動及欲望，就會導致孩子變得無法教育。

第 04 章
教孩子聽話的第一種方法：
有錯必懲

順從父母並非孩子的天性，但是透過後天的培養，可以使孩子將對父母的順從變成一種習慣，並且讓他們覺得這是一種真實存在的本能行為。這一點在我們觀察動物時就能發現，母雞發現食物以後，就會叫小雞過來吃；當危險降臨的時候，一群小雞會主動跑到母雞的身旁尋求庇護。但是，小雞的這些行為是因為渴求食物和害怕危險才產生的，而不是由服從母親意願決定的。透過對許多動物的觀察，我們都可以去驗證這一點。例如，小馬與小牛時刻跟隨著母親，不是因為牠們本身就具有順從母親意願的本性，而只是由渴求食物、懼怕危險這一類自然本性所決定的。嚴格來說，動物的這些行為都屬於先天形成的，牠們一出生便會自發地做出這樣的舉動，而不需要任何的訓練來建立或是維持動物媽媽的權威。在某種程度上，這些動物與孩子的某些行為還是很相似的，當孩子感到飢餓和恐懼的時候，也會受到本能的驅使而跑到母親身邊。這些行為並不需要母親的教育和培養便可以形成。不過有一點我們要清楚，孩子因為服從母親的意願而主動來到她的身旁並不是自身的本能反應，這與本能完全是兩回事。孩子雖然沒有主動服從母親意願的本能，但他們卻具有養成這種習慣的潛力。

可能有人會這樣認為，在本能與能力兩者之間，其實並沒有區別，因為兩者之間能夠互相轉化，而且界線十分模糊，簡直到了難以辨別的地步。但是，在一些受人類影響較大的動物身上，兩者之間的差異卻十分明顯。例如，狗就具備一種本能，這種本能使其能夠用舌頭舔自己並且緊跟牠的主人。因為牠並不需要接受任何後天的培訓就可以做到這一點，完全是

由牠先天的本性所決定的。但是，牠卻不具備幫主人拉車子的本能，只有經過主人不斷地對牠進行耐心的技能培訓後，牠才能勝任這項工作。如果一隻狗只是在荒山野嶺中出沒，從來都不與人類打交道，那麼牠的用處對人類而言並不大。當牠被人馴服以後，還是無法攜帶任何東西或是用嘴巴把一個籃子從市場銜回家，人們就要把其中的過錯歸咎於牠的主人了。人們會認為狗的主人沒有花費足夠的時間去訓練牠，而且認為他從來就沒有想過要訓練牠。上面已經說過，狗天生就有跟著主人的本性，主人走到哪牠就跟到哪，但牠本身並沒有幫主人搬東西或是拉車的天性。如果狗對人類本來就沒有感情，那是牠的問題 —— 天性的錯。但如果牠無法幫主人搬東西，或是對主人的召喚不予理睬，又或是拉車的技術不夠高，那麼這些問題就只能歸咎於牠的主人，因為狗沒有受到主人適當的培訓。

▌誰該對孩子不聽話負責

孩子與父母的關係不也是如此嗎？如果某個孩子感到飢餓或是受到了傷害、驚嚇，卻沒有跑到母親的身邊，那麼我們有理由懷疑這個孩子是不是腦子出了問題，至少在身體或是心理上應該存在著一些不正常的狀況。但是，如果一個孩子不順從他的母親，無論他表現得多麼桀驁不馴，多麼叛逆，人們也會理所當然地把過錯推到孩子的母親身上。因為人們認為是母親沒有教育好自己的孩子。所以，當我們看到一些叛逆的孩子時，就會發出這樣的感慨「多麼無能的一個母親啊！」而不會

有人說：「多麼不乖的一個孩子啊！」

這是一個很重要的問題，很多母親直到現在仍然抱著這樣一種觀念：她們認為孩子聽父母的話是天經地義的。所以，夫妻雙方都沒有採取適當的措施來培養自己的孩子——除非在此之前，他們已經用某些特殊的方法使孩子養成了順從自己的習慣。如果父母們在一開始就意識到孩子不會自願地順從自己，那麼他們就已經成功了一半，在培養孩子的時候就會取得事半功倍的效果。

1·孩子真實的天性

當孩子遇到棘手的事情或是對某事感到恐懼時，受天性的驅使，他們就會跑到母親身邊，以尋求保護與安慰。孩子的這種行為讓很多母親都有一種莫大的幸福感。而且，孩子的這些天性具有多種多樣的表現形式。我寫這一章的時候，手頭的一張報紙上就有一篇文章——〈一個母親的早晨〉。文章記載了一位母親的經歷：

母親為了專心做家務，便給了兩個孩子一些書和一些玩具，讓他們自己玩。半個小時以後，從樓下傳來輕聲的呼喚：

「媽媽，妳在嗎？」

「我在，親愛的。」

「那沒事了。」孩子繼續投入到遊戲之中。

沒過多久，孩子又問道：「媽媽，妳在嗎？」

「在啊。」

「那沒事了。」孩子又心滿意足地開始玩耍了。

正在玩耍的孩子同樣也需要一種安全感，所以他們會不時地去確認一下母親是否在自己身邊，或是看她是否在附近。這種感覺並不是他們從母親那裡學來的；母親也從未告訴他們，無論何時都要待在母親身邊有多麼重要；孩子也並沒有透過平時的觀察而產生這樣一種認知：如果母親不在自己身邊，就有可能遇到危險或困難。孩子之所以會這麼做，只是因為在他們身上具有一種天性。這種天性能夠使小羊和小牛緊緊地跟在母親身邊，能夠使嗷嗷待哺的嬰兒靠近母親的乳房。當嬰兒獨自一人被放在嬰兒床或是搖籃裡的時候，會用哭聲表示自己的恐懼。

2．母親的職責

身為母親，首先應該明白一點，孩子對自己的順從並非源於天性，必須經過教育才能使其形成這種習慣。同時，她也必須清楚，如果孩子不聽話，自己無法讓孩子放棄那些對他們極具誘惑力的東西，那就是她的錯。確切地說，我們不能把責任全推在母親頭上，也許她已經盡力了，但不管怎樣，從結果上說，這位母親對孩子的教育確實是失敗了。所以，她不能對孩子發牢騷，更不能數落孩子為自己帶來的麻煩與不便。正確的做法是，她應該先好好反省一下自己的教育方法，然後以負責的態度去糾正自己的錯誤。總之，教育小孩順從自己，是一個需要長期努力的過程，在這個過程中母親必須定期對自己的教育方法進行回顧和反思，並做出改進。

讓孩子聽話的三種方法

透過運用下面介紹的三種方法，父母在教育孩子的時候一定能夠達到讓孩子乖乖聽話的目的。當然，如果想要獲得最佳效果，就應該將這三種方法進行綜合運用。這三種方法的運用需要父母具備不同級別的能力與技巧。第一種方法對他們的能力要求不高，只要父母能夠做到堅定、沉穩與堅持就可以了；第二種方法需要父母下一番苦功才能做到；最後一種方法需要父母具備足夠的技巧和創新能力，但並非只有天才才能夠做到。第一種方法是最基本的，如果父母能夠堅定認真地去執行這種方法，就能達到教育孩子的目標。如果父母能夠具備一定的技巧和能力，那麼使用第二種方法可以更加順利地實現這一目標。如果在此基礎上能夠掌握第三種方法，就能培養出一個順從父母的乖孩子，同時也會使孩子養成樂意服從的習慣。這些方法都需要父母在心裡有充分而清楚的認知，但令人遺憾的是，許多父母都不具備這種能力。

1・對孩子要有錯必懲

母親在教育孩子時採取的第一種方法是：不要讓孩子透過叛逆的行為來獲得好處，反之，當孩子對母親的命令反抗或是不以為然時，母親應讓其感到麻煩、不便。使用這種方法的一個重要原則就是無論在什麼情況下，都要堅定地執行下去，絕不可有一絲動搖。母親必須在頭腦中形成這樣一種看法：孩子所有的叛逆行為最終只會導致他們受到傷害，這也是這個方法

的核心所在。

　　孩子一旦犯了錯，母親都應該給他一些適當的懲罰，即便這種懲罰的力度很小，也能夠取得巨大的成效，而且這種成效會讓母親感到大吃一驚。母親可以把家裡的某個地方當作「監獄」，這個「監獄」可以是客廳裡沙發的一角、一張椅子、一個踩腳凳或是其他的什麼地方。在處罰孩子的時候，盡量不要讓氣氛變得那麼壓抑，同時又要擺出時刻準備懲罰他的姿態，這樣就能收獲更好的效果。如果某位母親還不知道自己應該採用什麼樣的技巧或是方式來對孩子的心靈施加影響，那麼她可以在第一次懲罰孩子的時候說：「孩子啊，你現在越來越不聽話了。每次我都要叫很多次，你才肯去做。現在，把你放進『監獄』—— 一個黑暗的衣櫃裡。從今以後，你只要不聽話，我就會把你關進『監獄』半個小時。記住了！」

2 · 絕不要出於愛心原諒孩子的錯誤

　　如果母親只是在口頭上對孩子進行嚇唬，卻不採取實際行動，這種教育方法很可能就會失去成效。如果母親講完與上面類似的話以後，孩子又犯了錯 —— 尤其是所犯的錯誤沒有給母親造成太大的麻煩，母親出於愛心便原諒了孩子；那麼，當孩子再一次犯下稍微嚴重的錯誤時，母親可能就會想，如果我真的把孩子關在衣櫃裡，這樣做是不是太嚴厲了？接著，當孩子所犯的錯誤變得更為嚴重，但此時母親的心情不錯，便會對孩子網開一面，不想把她的「可憐的小傢伙」關進黑黑的衣櫃裡；也許當時周圍有很多人，母親想給孩子留點面子。但是

這些最後只會導致一個結果 —— 她一再強調的話變成了一紙空文！

3．讓懲罰變得既柔和又具實效

不過，如果母親能夠掌握一定的技巧，運用靈活的手法來處理這種情況，就會得到與前面不同的結果。假設在某一天，母親正在忙著做縫紉或其他的家務，孩子在一旁玩耍。母親一邊做事，一邊告訴孩子：在一些歐洲學校，當孩子不服從管教或是違反紀律時，就會受到與被關進監獄類似的懲罰。同時，母親還編了一些善意的謊言，比如那些不願意接受懲罰的孩子會被強行關進去；如果有人頑固不化，拒不認錯，那麼就會被關得更久。而那些道德高尚的男孩，他們長得既高大又英俊，有些還是運動好手，如果他們知道自己犯了錯誤，就會自願接受處罰，像男子漢那樣敢作敢當。即使他們受到懲罰，也會因為態度良好而提前獲得自由。說完之後，母親順勢提議在家裡也採取這種懲罰方法，她會要求孩子自己找個適合的地方作為「監獄」—— 可以是沙發的一端、長椅的一角或是被當作小貓咪房子的紙箱。曾經有人將樓梯的一個階梯作為懲罰的「監獄」。即使在那裡坐上一兩分鐘，這種懲罰也足以讓孩子在相當長的一段時間內遵守紀律、服從父母的命令。可見，這不失為一個好辦法。

父母要求孩子遵守某些規矩，或是對孩子做事的方法提出要求，而孩子對此卻置若罔聞。例如，在寒冷的冬日，孩子從門口進出時，總是不習慣隨手關門；在母親專心致志地讀書

時，孩子會突然打斷她，而不是在旁邊靜靜地等著母親的注意力從書本轉移到他的身上；有些時候，孩子為了爭奪某件玩具而互相推搡、拉扯，母親發出命令以後，他們沒有立即來到母親身旁，或是沒有立即執行母親的命令……以上這些情況一旦出現，母親應該簡單地說上一句「瑪麗（或詹姆斯），監獄」，而且說這句話的時候，語氣一定要柔和，不要帶有一絲不悅，臉上要洋溢著微笑，就好像是在玩一種「監獄」的遊戲。孩子受罰幾分鐘以後，母親再說：「你自由了。」這樣，他們又重獲「自由」了。

▌一旦開始就要執行

很多母親看到此處，都會產生這樣一種想法：「這種教育方法不過是小打小鬧而已，孩子身上存在著叛逆的因子，而且他們具有好動的天性，用這些小把戲很難有效地馴服他們。」事實上，這種方法是否會淪落成為一種小打小鬧的把戲，完全取決於母親在執行的過程中是否具有堅定、沉穩與堅毅的品格。其實，不管什麼樣的教育方法，都需要母親具有堅定、沉穩與堅毅的品格才能取得成功。如果這些所謂的「小打小鬧」能夠得到有效的執行，母親就會驚訝地發現，其實只要對孩子施以很輕微的懲罰，就足夠建立起自己對孩子的絕對權威了。我認識這樣一位母親，她為了培養孩子對自己絕對服從的習慣，把單腳站立作為一種懲罰方法，根據孩子犯錯程度的不同，時間分別是五秒、十秒或二十秒。當然，在孩子很小的時

候，這位母親就已經開始使用這種方法了，其目的就是樹立自己在孩子心中的絕對權威。

採取懲罰措施的目的，原本就不是給孩子造成身體上的疼痛或是使其感到不舒服，而是引起孩子的注意，使他們每次犯錯以後，能夠清楚地意識到自己的確做錯了。儘管這些懲罰並不嚴厲，但只要當孩子每次犯錯以後母親都能堅持對其進行懲罰，並且不讓任何一次懲罰發生例外，那麼它的效果是非常明顯的。因為在這種情況下，孩子會產生這樣一種認知：儘管自己每次受到的懲罰不見得很嚴厲，但母親卻能堅持做到有錯必懲。

上面所談到的，都是母親在教育孩子之初應該做的，但那僅僅是一個開始。身為母親，如果一開始就無法堅定持久地執行，那麼她就永遠無法開始教育孩子的工作。一旦孩子進入青春期，母親就會發現孩子越來越不聽話，對他進行教育的難度也會驟然加大。在這種情況下，教育的方法雖然一樣，但與之前不同的是，母親們再也不能採用那些過於柔和的手法了。這時，就可能需要更加真實的「監獄」，並且延長懲罰他的時間，有些孩子甚至還需要父母採取強制性措施進行懲罰。

有些時候，由於孩子教育者的改變，孩子會從一種教育模式進入另外一種模式。過不了多久，新的教育者也許會發現，由於之前所受到的錯誤教育，孩子現在已經變得難以馴服。因為孩子所受到的錯誤教育使他們習慣於透過某些特殊方法來達到自己的目的，這相當於之前的教育者鼓勵他們使用這些方法。這種縱容只會使孩子變得更加叛逆與反抗。尤其是面對

父母時，他們總會運用一些自以為最有效的方法來達到自己的目的。

　　當孩子身處一種全新的教育模式時，不管這種教育模式是長期性的還是暫時性的，教育者想要改變孩子的性格，比起剛開始的時候，難度要大很多，所以必須小心謹慎。對孩子而言，新的教育者並沒有那種從小就已經形成的權威，再加上很多實際存在的問題，就會使新的教育者認為，自己有必要放棄一些做法，從而避免與孩子發生矛盾衝突或是引起孩子的抱怨。這幾種情況，無疑都為教育孩子增加了難度。其實，對那些不服從管教的孩子而言，他們也習慣於用這種招數來達到他們的目的。也許，因為母親的心腸太軟，不忍看到孩子因為自己的要求得不到滿足而大哭大鬧；又或是因為自己的身體太過虛弱，對她來說，這些瑣事會讓她勞神費力，不值得。

【家教實例】─喬治與埃格伯特

　　下面舉一個喬治如何教育弟弟的例子。喬治是個十七歲的年輕人，外出兩年後，他回家裡住了一段時間。這期間，他發現自己的母親身體虛弱，而弟弟埃格伯特卻是一個叛逆的小子。

　　認清了這一現狀，喬治自言自語地說：「我首先要做的事，就是好好教育一下埃格伯特。」因此他給弟弟上了一堂效果很好的教育課。這個例子可以清楚地表明，採取柔和的教育方法多麼有效。現在，大家就來看看這個故事吧。

　　埃格伯特今年十歲，他很喜歡釣魚。但是母親從不讓他獨自一人去。雖然母親身體羸弱，性格優柔寡斷，但在這一點上卻無比堅定，所以埃格伯特只好乖乖聽從母親的要求。試想，如果母親能夠

在其他方面也這樣堅決的話，埃格伯特就會是個很乖的孩子了。

喬治回來的第二天早上，埃格伯特醒來想到的第一件事就是要哥哥帶自己去釣魚。

「我不知道啊，」喬治用有點猶豫和疑惑的語氣回答道，「我不知道要不要跟你一起去釣魚，因為我不知道你在路上是否肯聽我的話。」

埃格伯特馬上給了哥哥一個肯定的答覆。於是，他們出發了，一路上，喬治跟埃格伯特興致勃勃地談了一些關於釣魚的技巧，在其他方面，他也盡量和弟弟建立一種友好的關係。他們穿過林間的一條道路，又走了一會，便來到了兩條分岔路。這兩條路中的一條要穿過小河，而另一條則有一座小橋可以通過。喬治說，他們要走第一條路。但埃格伯特卻並不理睬喬治，冷冷地說：「不，我要走另外一條路。」說完，他就朝著第二條路前進了。

「我想你開始不聽話了。」喬治說完以後，便轉過身跟隨弟弟。但是，他並沒有更多的抱怨。於是埃格伯特認為，喬治像其他人一樣，很容易對付。

當他們來到小河邊時，喬治看到一根體積很小的木頭橫在河面上，這塊木頭就是所謂的「小橋」。他告訴走在前面的埃格伯特，在他趕來之前，不要從那根木頭上通過。但埃格伯特卻說，前面並沒有什麼危險，自己一個人就可以過去。就這樣，他繼續大膽前行。當喬治到達這塊木頭的時候，發現這塊木頭確實既堅固又結實。於是，他就跟隨著埃格伯特走了過去。「我不是跟你說了嗎，這木頭是可以過的。」埃格伯特得意地說。「是的，你說得對，木頭很堅固，我想這也算是一座很好的橋。」喬治回答說。

埃格伯特說他一步便可以跳過去，喬治說他可以試一下，他為弟弟拿著釣魚竿，然後，喬治也跟著跳了過去。過河以後，喬治突然跟弟弟說自己感到很抱歉，因為他不能和弟弟一起去釣魚了。埃

格伯特十分驚訝，急忙向哥哥詢問原因。喬治說這只是自己一個人的原因，現在不能告訴他，等到晚上睡覺時，才可以告訴他，喬治說自己還有一個故事要給他講。埃格伯特急於知道哥哥突然改變計畫的理由，而且也想聽故事。但此時此刻，他對哥哥的決定感到無比失望，並對哥哥大發牢騷。儘管喬治對弟弟說自己今天不去釣魚有一個很充分的理由，但埃格伯特對哥哥不加解釋的做法還是十分憤慨。喬治卻堅持說只能晚上睡覺的時候把原因告訴他。然後，喬治轉過身，慢慢地朝家的方向往回走。

埃格伯特表示，即使不能去釣魚，自己也不會回家，他寧願在樹林裡一直待著。喬治馬上接著說：「這裡環境不錯啊，我的口袋裡裝著一本書，正好可以坐在樹下那塊平滑的石頭上看書。你可以在樹林裡盡情地玩耍，而且你可能會看到可愛的松鼠，如果你真的看到，記得叫我，我可以幫你捉。」說完之後，他就掏出一本書，坐在樹下的石頭上看書。埃格伯特在樹林裡閒逛了幾分鐘，悶悶不樂地說自己要回家，然後便開始往回走。

回家的路上，喬治與弟弟進行了友好的交談，而且沒有表現出絲毫不悅，並與弟弟盡情地玩耍。整個下午，他刻意地與埃格伯特建立起一種友好的關係，盡量在其他方面上多給他一些幫助，逗他開心。而且，喬治沒有對弟弟發任何的牢騷，臉上也沒有任何不滿的神色。

到了晚上，埃格伯特要睡覺了，喬治來到他的床邊。與弟弟玩了一會之後，弟弟的心情處於一種舒暢的狀態，然後他開始向弟弟解釋今天所發生的事。

「我今天之所以不跟你一起去釣魚，是因為我發現你並沒有聽話。」埃格伯特沉默了一下，說自己沒有不聽話啊。當喬治提到自己叫他不要走那條路、不要擅自跨越木橋而他卻不予理睬這兩件事情時，埃格伯特辯解說要是想過河，那條路才是最短的，而且他知

道河上的木橋很堅固、很結實，根本不會掉下去。「這麼說，你認為自己的理由很充分了？」喬治問道。「是的。」埃格伯特神氣地說。「這就是我不去釣魚的原因。自以為有了可以不聽話的理由，然後就可以隨心所欲，這是很多男孩都曾經犯過的錯誤。這讓我想起了一個故事 —— 一個關於士兵的故事。」

然後，喬治就給弟弟講了一個很長的故事。故事的大概內容是，一位上校派一位上尉帶著一隊人馬，去完成一項特別的祕密任務。臨行前，上校指示上尉不要跨過河流，但是當他們走到河岸的時候，上尉認為必須要跨越這條河流，當部下勸他留在河邊時，他還是一意孤行。結果，上尉與他的部下成了敵人的俘虜，因為敵人早就埋伏在附近。這些情況上校已經知道了，可是上尉卻並不知道。喬治在講故事的時候，語氣鏗鏘有力，不過整個故事的邏輯卻始終與弟弟心理的發展程度相適應，使他能夠很清楚地理解自己想要表達的意思。

這個故事說明，無論多麼優秀的士兵都要無條件地遵守上級的命令，這一點很重要，而且千萬不能因為有一些好的理由就違背上級的命令。接著，喬治又講了另外一個故事。這個故事是說，一位軍官受將軍的派遣去執行一項重要的任務，對於將軍的命令，軍官雖然並不清楚這麼做有什麼目的，但他卻無條件地立即執行，最後圓滿地完成了任務。喬治把這個故事講得繪聲繪色，埃格伯特聽得也津津有味。最後，喬治向弟弟闡述了這兩個故事所蘊涵的教育意義。

讀到這裡，一些缺乏教育孩子的技巧的人就會想，喬治一定會告訴弟弟：身為一個孩子，應該聽從長輩的話。但喬治所要說的寓意，與這些讀者的猜想有很大的不同。在結束的

時候，喬治對弟弟說：「我想給你一個建議，如果你長大以後想成為一個真正的男人，或是一名將軍，如果下屬對你不夠忠心，就絕對不要把重任交給他們。」埃格伯特用力地點點頭，並說自己絕對不會那樣做。

過了一會，喬治就跟埃格伯特道晚安，回屋睡覺去了。第二天，喬治又跟埃格伯特說：「雖然你還沒有養成聽話的習慣，但不要因此感到氣餒。很多年齡比你大的孩子都不知道這個道理。現在，你已經及時地知道了這個道理，等到有一天，我發現你已經變得完全聽話了，我們就可以一起去釣魚，或者一起做其他的事情。我覺得過不了多久，你就能夠養成聽話的習慣，到那時，我們可以做許多現在還不能做的事情。」喬治說。

讀者可以看到，喬治在了解孩子心理運行軌跡的基礎上，使用了一些柔和的手法，便在短時間內樹立起了對埃格伯特的絕對權威。在與母親打交道的時候，埃格伯特可能仍會像往常一樣叛逆和不聽話，但是犯錯之後就必然會受罰，這種觀念已經深深地植根於孩子的腦海中。只要教育者用冷靜、耐心且不可動搖的態度不斷堅持下去，就一定能夠使孩子養成服從命令的習慣。但是在這個過程中，切忌表現出惱怒、指責或是不悅的臉色。同時，對孩子的一些無心之失要以一顆寬大的心去理解。這樣一來，必然能夠使父母或是其他監護人在一個牢固、穩定的基礎上，樹立起對孩子的絕對權威。

很多已經習慣了不聽話的孩子，一旦受到新的教育，就會逐漸變得順從。這樣的例子很多，有時，甚至在父母與孩子之間，都能出現這樣的情形。如果經過幾年鬆散而低效的教

育後，母親開始對自己的教育方法產生懷疑，並且確信如不馬上改弦易轍的話，很可能就會在日後讓自己嘗到苦澀的果實。在這種情況下，儘管父母的工作已變得十分艱難，但是，透過教育模式的改變，還是能夠成功地使孩子服從自己。改變的方法也是大致相同的 —— 母親從始至終都要堅持冷靜、耐心且不可動搖的態度。在這個過程中，除了一些極端的情況之外，要切忌惱怒、責備、指責或是不悅的臉色。以上的做法構成了教育孩子的正確方法，如果能夠按照上面所說的要求去實施的話，成功離每位父母都不是很遙遠。

看過這個例子之後，父母們可能會覺得太簡單了，成功對他們而言，似乎是唾手可得。事實上，事情遠非父母們所想的那樣簡單。表面看來，我們只需要父母的堅定、沉靜與堅毅的品格就足夠了。但遺憾的是，對父母而言，即使具備了這些最基本的態度，他們在執行的過程中仍會感到困難重重。如果他們無法控制好自己的情緒，又如何來教育孩子呢？

如果母親能夠多少掌握一些這方面的知識，可以透過堅定的、從容淡定的方式，使孩子養成一種絕對服從權威的習慣。當孩子違背自己時，適當地給他一些小小的懲罰，那麼是很容易取得成功的。

而且，這並不需要母親有多高的天賦、多聰明的手法和多深沉的心思 —— 只要把這種簡單方法長期堅持下去即可。

對於懲罰的性質及其實行的有效模式等內容，我們將在下一章進行進一步討論。

第 05 章
懲罰孩子的基本原則

　　每一位父親、母親或是老師，如果想要透過懲罰這種途徑來取得積極的結果，就非常有必要對懲罰這種行為進行清楚的認識和了解。了解的內容包括：什麼是懲罰？如何才算正確的懲罰？懲罰的方式有幾種？只有了解這些，才能避免給孩子留下「懲罰後遺症」。

懲罰的性質與做法

　　在懲罰孩子的時候，應該掌握一定的原則。我們要考慮的第一個問題是，在實行懲罰之前，要清楚地了解懲罰的性質及執行方法。對此，人們一般有兩種不同的看法。

　　懲罰被一些人看做是對以往所犯過錯的報復。在這些人看來，懲罰是為了對自己過去所犯的錯誤進行一個了結，有因必有果，犯了錯就要受罰，這是天經地義的。基於這種看法，懲罰已經被人們普遍認可。在這種思想的主導下，人們並不看重懲罰是否會對犯錯者以後的行為形成積極的警示作用。另外一些人則將懲罰看成一種補救性的措施，其目的在於透過懲罰這種手段對別人形成威懾，使其不再犯錯。

　　持第一種觀點的人將懲罰視為向以往犯過錯的人追討正義的一種方法；而持有第二種觀點的人則認為懲罰應該對一個犯錯者的未來具有一定的警示作用，使之成為一種服務未來的善意手法。

　　至於學校和家庭的教育應採取哪種觀點，人們對這個問題幾乎完全不存在分歧。那就是排除報復性懲治手段的成分，只

選擇其補救性作用所產生的良好影響這種成分。正如《聖經》中所說的：「伸冤在我，我必報應。」所有人對這句話的理解幾乎都是一樣的，所以，一旦人們承認了上述觀點，那麼與懲罰相關的爭論將會大幅度減少。只要人們能夠靜靜地沉思片刻，便能夠獲得一個重要甚至是震撼人心的啟示。

這個啟示完全可以讓父母有效地消除自己在孩子面前表現出來的惱怒及興奮之情，改變以往那種使孩子感到恐懼的嚴厲語調、苦惱的神情、帶有威脅意味的姿態。事實上，父母如果在懲罰孩子的時候表現出憤怒，完全背離了他們想讓孩子在以後表現得更好的初衷，反而與那種認為懲罰是對以往所犯過錯的懲戒和報復的觀點相吻合。

但是，因為懲戒和報復的觀點已經深入人心，所以母親由於孩子犯錯而變得憤怒，這就很容易導致她憑著一時的意氣去懲罰孩子。這屬於一種教育方法，比起放縱嬌慣孩子的做法還強。但是，身為母親，在教育子女時，有理由把目標定得更高一些。如果明白了這個道理，父母就會堅定自己對於懲罰功用的看法。他們在對孩子施加懲罰時，會極為注重懲罰所帶來的補救功效 —— 也就是說，懲罰只是一種手段，真正的目的是對孩子日後能夠產生積極的影響。父母的這種觀念無疑會指引孩子走上正確的道路，並取得成功。所以當看到自己的孩子犯錯以後，父母應該拋棄以往那種動不動就大聲斥責或是濫用懲罰的做法，取而代之的是冷靜的思考，這對於幫助孩子改正錯誤無疑是極為有益的。

一些父母會產生這樣一種觀念，他們認為在懲罰孩子時表

現出來的諸如憤怒、不滿等情緒，會幫助孩子更好地意識到自己的錯誤，而且這些不好的情緒在教育孩子的過程中是必不可少的。在我看來，這種觀點是錯誤的。孩子對自己所犯錯誤的認知，並不會因為父母的惱怒、不滿而加強，這只是這些父母的一廂情願而已。為了闡明這個道理，我在下面會舉一個例子進行說明，在關鍵處會做出詳細的解釋。我們所舉的這個例子，與上一章所提到的喬治和埃格伯特的例子很相似。

【家教實例】—瑪麗散步

「瑪麗。」瑪麗的阿姨珍妮在叫她。珍妮要到村莊去探望瑪麗的母親。「我下午要到村莊去，如果妳想去，我們可以一起。」

「好啊。」瑪麗很高興能夠跟珍妮阿姨同行。

珍妮阿姨說：「在去的路上要穿過一片田野。因為今天早上下了一點小雨，我怕草地還沒有完全乾。所以當我們經過那裡時，妳必須要走在大路上，不要四處亂跑。一定要記住，知道嗎？」

「好的，珍妮阿姨，我會一直走在大路上的。」瑪麗爽快回答。

於是，她們出發了。從她們一走出家門口開始，瑪麗就一直走在通向田野的大路上。

珍妮阿姨說：「記住，瑪麗，妳一定要時刻走在大路上。」

瑪麗沒有回答。出發以後，她就一溜煙地向前奔出去。很快，她就走到了草地的邊緣。

天氣十分晴朗。這時，她忽然發現有一個地方的草長得不是很高。她毫不猶豫地就朝著那個方向走了過去。到了以後，她抬起腳，看了看自己的鞋底，乾巴巴的。但是阿姨卻與她走得越來越遠，瑪麗喊道：「阿姨，這裡的草地是乾的。」

「我也這樣認為，雖然我不敢肯定，我想草地確實是乾的。但

是妳還是到這邊來吧。」阿姨說。等瑪麗過來以後，她抓起了瑪麗的小手，「我決定不去村莊了，咱們回家吧。」

「不要啊，珍妮阿姨。」瑪麗一邊說著，一邊跟隨著阿姨的腳步。「這到底是為什麼呢？」

「我是不會改變主意的。」阿姨說。

「妳為什麼要做出這個決定呢？」瑪麗疑惑地問道。

阿姨握著瑪麗的手，她們沿著來時的路往回走。

「因為妳沒有乖乖聽話。」

「什麼，阿姨？」瑪麗說。「但是我走到的地方，草地都是乾的啊。」

「是的，那裡的草地確實是乾的。」阿姨回答說。

「我走到那裡，並沒有給我造成什麼傷害啊。」

「是的，一點傷害都沒有。」

「那妳為什麼還要回家呢？」瑪麗想不明白。

「因為妳沒有聽我的話。」珍妮阿姨回答說。

阿姨接著說：「妳知道嗎，有一件事現在妳還不懂，因為妳還是一個很小的孩子。等妳長大了，妳就會明白了。妳不懂事，我是不會責怪妳的，因為妳還小。」

「那有什麼是我不懂的呢？」

「如果我現在向妳解釋，妳也不一定能夠理解。」

「試試看吧。阿姨。」

「好吧。因為與不聽話的孩子在一起時，我會覺得沒有安全感。這次妳沒有造成什麼傷害，只是因為那裡的草地剛好是乾的。但在前面不遠的地方，就有一條小溪。我擔心妳會掉下去。如果我們繼續向前走，妳就會像剛才那樣不聽話，並且認為小溪也沒有什麼危險──就像妳沒有進入草地前就自以為草地是乾的一樣。到那時候，就算我要求妳走在大路上，妳也不會聽的。我與那些不聽

話的孩子在一起的時候，尤其是在可能遇到危險的時候，我會覺得很危險。現在妳知道了吧？」

瑪麗聽完珍妮阿姨的解釋以後，馬上信誓旦旦地保證，無論日後發生什麼情況，都會聽從阿姨的話。同時，她還在一旁不斷地懇求珍妮阿姨繼續帶她到村莊去。

「不行，我無法相信妳做出的承諾。妳還記得嗎？在出發之前，妳就向我保證一定會走在大路上的。但當妳面臨誘惑時，妳就無法堅守自己的諾言。妳應該意識到，這是一個教訓。以後當我再走一些很安全的路時，我會再帶著妳去的。如果妳以後表現得更好，無論是否存在危險，我都可以帶妳去。」

珍妮阿姨透過這樣柔和而又堅決的態度，拒絕了瑪麗重新去散步的要求。但她能夠很有技巧地在對話中立刻轉移話題，使瑪麗不再糾結於自己所犯的錯誤。一路上，珍妮阿姨不時地講故事來逗她開心，並幫瑪麗摘花。到家以後，珍妮阿姨再也沒有提起任何關於瑪麗不聽話的事情。在這個例子中，珍妮阿姨給瑪麗施加的懲罰，並沒有任何的責罵與意氣用事，甚至沒有表現出一絲不悅，但卻能在瑪麗的腦海中烙下難以磨滅的印記。在瑪麗完全服從她的意願之前，如果珍妮阿姨能夠一直堅持這樣的原則，那麼她就是最成功的教育者。

與上述教育方法的成效相比，運用斥責和威嚇手段來教育孩子會有什麼結果呢？我們可以試著對比一下。

假如珍妮阿姨氣憤地吼道：「瑪麗，瑪麗！妳馬上給我回到大路上。我不是已經告訴妳不要遠離大路嗎？妳就是不聽話，妳真是個不乖的孩子。如果下次還這樣的話，我就直接把妳送回家！」

　　瑪麗心中可能也憋了一肚子的不滿與怨氣，口中不由地小聲嘀咕：「珍妮阿姨今天的火氣可真大！」但是，真正到了「下一次」的時候，瑪麗依然會像這次一樣不聽話。

　　如果在此時，阿姨沒有採取責罵或是威嚇的手段，而是直接將「下一次」才採取的行動立即付諸實踐，那麼馬上就能取得積極的效果。從此，她們也會摒棄這種充斥著火藥味的交談，而且雙方都會從這種改變中得到很多啟發。

　　更重要的是，懲罰這種教育模式的目的不在於報復，而是將重點放在了對日後的補救作用方面。瑪麗認為，並不是因為自己不乖才不能繼續散步，她也不會認為這是自作自受，而會認為自己那樣做的確存在著危險。

　　看到這裡，一些母親可能會這樣說，像瑪麗與珍妮阿姨這樣的例子，只能在理論上實施，一旦到了現實生活，母親並沒有足夠的閒情與耐心用這麼溫和的處理方式來教育孩子。她們會說：「我們總不能在每次要去某個地方或做件重要事情的時候，因為孩子的任性與不聽話就中止活動，白白浪費整個下午。」

　　對此，我的回答是，母親每次都這樣做當然是沒有必要的，而且在使用之前應該謹慎考慮。偶爾運用一兩次這個原則，就足以讓孩子意識到，當發生類似的情況時，父母就會表現出一種「必定性」。只要孩子有了這樣的意識，很快就可以使他們改正自己的行為。實際上，根據上面的例子而言，如果瑪麗從小就接受這樣的教育，那麼大人不允許她做的事，她就絕不會做。幸運的是，雖然瑪麗的母親在教育孩子時犯下了錯

誤，但珍妮阿姨卻知道如何去糾正這個錯誤，這些情況在現實中是完全有可能存在的。

但是，人們必須承認，父母可以透過自身具備的理智與常識，自覺地運用一種柔和的方法，牢牢地控制孩子心靈發展及性格形成的走向。在我們探討的每個具體例子中，每種能夠取得成效的教育方法都是需要父母對孩子進行長時間的關愛才能使用的，而不是只憑著他們在氣頭上給孩子一巴掌就能一蹴而就的 —— 就像一隻母貓對付自己不聽話的孩子時那樣。這種教育方法做起來最簡單，也沒有什麼技術含量。其實，父母想真正觸及孩子的心靈，他們就不能使用帶有暴力性質的方法，比如斥責、責罵等等。

父母或老師在運用這裡所介紹的方法時，必須要從孩子很小的時候就開始施行。如果他們能夠做到這一點，就會發現這種方法比他們所想像的更加有效、更加直接。他們能夠更早地在孩子心中樹立起父母或老師應有的權威。但是，還應該特地指出一點，就是在我們上面所闡述的例子中，懲罰的真正本質及其實質精神並不在於報復，而是那種單純的補救性與悔改性。父母在對孩子施加懲罰時，絕不能抱著對孩子以前所犯錯誤進行報復的心理，去尋求所謂的正義；而是應該考慮如何才能讓孩子在日後過上更加快樂、幸福、安全的生活。

▌懲罰的目的是告訴孩子：有錯必懲

這種懲罰很可能表現出態度溫和、效果微弱的特點，但一

第05章　懲罰孩子的基本原則

定要讓孩子覺得他每次犯錯之後都會受到懲罰。正是這種犯了錯就會受到懲罰的「必定性」，而不是懲罰所具有的「嚴重性」，才使這一方法奏效。很少有孩子會被蠟燭的火焰嚴重灼傷，因為，他們在日常生活中已經知道，只要試圖觸碰火焰就會產生一種輕微的灼熱感，所以他們絕不會繼續下去。究其原因，正是其中存在著一種不變的「必定性」。

但是，許多母親對此卻不甚了解。她們仍然採用斥責或威嚇等傳統的方法，口口聲聲說「下次」會如何如何；有時在孩子犯下嚴重錯誤時會對其進行嚴厲的懲罰。但是，如果能夠在孩子犯小錯時，採取一種溫和而又冷靜的方式來處理，效果顯然會更好。

如果一個孩子出門時揚長而去、從不關門，並形成習慣的話，你可能因此偶爾對其進行責罵，尤其是在深冬，你會生氣地把他關在櫃子裡。但是這些懲罰措施是不足以讓孩子改掉這種壞習慣的。假如門口有一臺機器人，在孩子每次進出門時，都會自動提醒他要關門，並且讓他站在門口數到10才能通過。如果這一柔和的懲罰方法能夠堅定地執行下去，那麼孩子就可以在短時間內成功地改掉這個壞習慣。但實際情況是，母親不能把希望寄託在這種尚未發明出來的自動機器人身上，而自己又不能每次都站在那裡。但她確實希望能夠使用這種方法，並盡量將其付諸實踐。所以只要她本人在場的時候，便總是堅定地執行這一措施。儘管她不能像一臺自動機器人那樣，使孩子在很短的時間內成功地改掉這個毛病。但是，她仍應該儘早去實踐這方法。

在懲罰的時候，應該使自己盡量去避免「怒髮衝冠」，因為這樣會直接刺激到孩子的心靈，讓他形成一種暴躁的脾氣。當然，我們不可能在所有情況下都做到這一點。但是對想要教育好自己孩子的母親，那就到了發揮她們聰明才智的時候了。如果能夠嫻熟地運用這些方法，就能很有效地避免對孩子的心靈造成傷害。

在懲罰過程中，父母首先應該給自己打一針「預防針」——絕不要讓自己表現出憤怒的情緒，也不要說出激烈的言辭。如果孩子犯的錯確實讓你怒火攻心，那就應該馬上停止對事情本身的主觀判斷。在怒氣消退之前，暫時「偃旗息鼓」。這樣，你就可以冷靜、全面地考慮整件事情，明白自己應該如何處理。切忌帶著一種發洩自己心中怒氣的心理去懲罰孩子，而應該從一個對孩子有益的角度去處理。當你知道應該怎樣處理時，就應該採取一種友善的姿態，堅定、持久地執行你的決定，切忌表現出一種盛氣淩人的架勢。

爭取得到孩子的合作，這會讓孩子熱心於改錯

在許多情況下，父母想要有效地糾正孩子的過錯，都需要發揮自身的聰明才智。在糾錯過程中，如果孩子能夠配合，就會讓孩子熱心於改正自己的錯誤。這時，可以說事情已經成功了一半。當然，在這種情況下，將懲罰用在他們身上，也能取得很好的效果，而且不會讓孩子產生一絲不悅。為了證明這一

點，我們用一個例子進行說明。

　　小埃格伯特已經七歲了，與同齡的孩子們一樣，他在穿衣服時也有拖拖拉拉的毛病。當鬧鐘響過兩次以後，他還沒有準備好去吃早餐。媽媽決定，如果埃格伯特能自己制定一個計畫去改正自己的毛病，她就獎勵他一下。

　　「我不知道該用什麼具體方法來糾正你的這個壞毛病。」媽媽對他說。「但如果你能想出一個計畫，使你成功地改掉這個壞習慣，那麼我就帶你出遠門。」

　　「有多遠啊？」小埃格伯特問。

　　「五公里。我會帶你去方圓五公里以內任何你想去的地方。不過前提是你必須要改掉自己的壞習慣。」

　　「我想妳應該給我一些懲罰，才能讓我改掉這個毛病。」埃格伯特說這句話的時候，語調顯得很平和。

　　「可能需要懲罰。但你自己也可以想一些可以接受的懲罰方式。我給你兩週的時間進行改正，這段時間內如果你無法改掉這個毛病，我就會認為你自己的懲罰力度還不夠，或者說效果不佳。但如果你能成功，我就帶你出遠門。」

　　埃格伯特也希望自己能想出一些懲罰措施，他覺得姐姐瑪麗或許能夠幫他一把。媽媽也同意他可以向任何人請教這個問題。在經過一連串思考後，瑪麗建議，以後如果他無法及時穿好衣服，那麼在吃早餐時，他就只能得到一塊方糖，而不是之前的四塊。

　　因為埃格伯特在吃早餐時，喜歡把方糖溶在水中以後再喝

水。第一次響鈴的時間是早上六點半，早餐的時間是七點。姐姐說，半個小時已經足夠他把衣服穿好。埃格伯特應該在早上七點時走下樓梯開始吃早餐。如果無法做到這一點，就只能得到一塊方糖。

七點鐘之前要穿好衣服，實際上埃格伯特他並不知道自己能否在早餐開始前穿好衣服，所以他想把起床的時間定在六點鐘，這樣自己就有一個小時的時間去穿衣服。但瑪麗表示反對：「雖然你想用一個小時的時間去穿衣服，但實際上半個小時對你來說已經完全足夠了。照你的打算，你也許能夠用一個小時的時間做好吃早餐的準備，但卻絲毫無法改變你拖延的壞習慣。你還是應該用半個小時的時間去穿衣服，而且，你也不會遭受到任何懲罰。想要改變這個習慣，在穿衣服的時候，你一定不能玩耍，否則就會受到懲罰。」

就這樣，他們決定把穿衣服的時間限定為半個小時。

埃格伯特懲罰自己的方法是——如果他無法做到，就只能得到一塊方糖。但是媽媽對此卻表達了自己的異議。她說：「這個計畫可能會成功，我也相信你一定會努力嘗試的。但我想，在穿衣服時，你可能還是會情不自禁地受到誘惑，然後又玩起來。到時候，你就會自己安慰自己：『不管怎樣，我都能得到一塊方糖。』這不就等於向誘惑投降了嗎？這樣吧，如果你無法做到，就連一塊方糖都得不到，這樣也許更加徹底，你成功的希望也會更大。你可以試試看，而且我保證，會盡量用一些柔和的方法幫你達成目標。」

從這位母親的教育方法中，我們可以清楚地看到：對於如

何遵守自己制定的懲罰方法這一問題，埃格伯特與母親進行了合作。實際上，這是讓埃格伯特自己去約束自己。但是，與其他的方法或計畫一樣，如果只是讓他自己監督自己，就會在懲罰力度上大打折扣，無法取得良好的成果。這些方法必須嚴格、堅定地執行下去，而且需要母親的有效監督。在對孩子進行早期教育的時候，我們不能讓孩子自己代替母親去擔任監督者的角色，但如果孩子能夠採取合作的態度，那麼父母無疑會得到巨大的好處。

▍懲罰也可以充滿樂趣

其實，對孩子採取任何一種懲罰方法，想取得成效，都必須堅持其「必定性」。在很多情況下，在一種充滿歡樂的氣氛下對孩子進行懲罰，更有利於使其改正錯誤。

舉個例子來說，喬治遇到任何事情都要跟妹妹愛蜜莉亞進行激烈的爭論。

在他上床睡覺之前，母親講了一個與喬治生活相關的故事之後，喬治說：「這的確很愚蠢，但我就是控制不住自己。」

「看來，應該用一些懲罰手段才能讓你記住這一點。」

「但在某些時候，妹妹才是最應該受到指責的人啊。」

「不！在文明社會裡，如果一位男士與一位女士發生爭論，人們總是會認為這是男士的錯。」

「但愛蜜莉亞跟我並不是屬於所謂的『文明社會』啊。」

「無論如何，你身為哥哥，當與妹妹發生爭執時，都會受到指責。但是，你的年齡還小，沒辦法透過足夠的理智去避免這些爭論的發生。當你再長大一點，自然就會明白這個道理。」

「媽媽，那該怎樣懲罰呢？」

「你真的想透過接受懲罰來提醒自己克服這個缺點嗎？」

喬治的答覆是肯定的。

「那麼，我給你一個建議，以後當你與愛蜜莉亞發生爭執時，你就把夾克脫下來，反過來穿，以此來提醒自己這件事是多麼愚蠢。」

喬治聽了媽媽的這個建議後，哈哈大笑，他非常樂意接受這個懲罰，並認為這是一個很有趣的主意。媽媽解釋說，這個主意確實很有趣，不過在執行時恐怕會出現困難。如果喬治決定接受這個懲罰，那麼就必須遵守這個承諾。只要他發現自己和妹妹發生了爭執，就必須馬上停止爭吵，並且把身上的夾克脫下來，然後反穿。如果媽媽當時就在旁邊，她會簡單地說一聲「夾克」，喬治聽到以後，就必須照做。

「無論我們兩個人誰錯了，都是我最應該受到指責嗎？」喬治問道。

「是的，無論在什麼情況下，你都是最應該受到指責的。如果一個男孩與他妹妹玩耍的時候發生了爭執，那麼當哥哥的，就應該承擔責任。可能在一開始的時候，是妹妹做錯了，從這一點來說，她理應受到懲罰。但是你卻將其演變成一場爭

吵，所以你難辭其咎。在一些雞毛蒜皮的小事上，你應該讓著妹妹，而不是跟妹妹一爭高下。如果這件事導致你和妹妹的爭吵，那麼你應該自覺地走開，不去跟妹妹爭吵。現在，你知道了吧。在大多數情況下，一旦發生爭論，你就是那個最應該受到指責的人。在某些情況下，可能你並不應該受到指責，但你必須接受懲罰。因為你是一個男子漢，這是社會上普遍認可的行為準則。」

「我們在兩週之內測試一下這個懲罰，所以，從現在開始，你要記住，以後每次當我聽到你與妹妹發生爭吵，你就必須脫下夾克，然後反穿幾分鐘 —— 具體時間的長短由你自己來決定，只要你認為自己足以改掉這個毛病就行。兩週以後，我們再看看這種懲罰到底有沒有取得積極的效果。」

「現在，乖乖地閉眼睡覺吧。你是個乖孩子，希望你能夠改正自己的缺點，而且希望你能想辦法自己改正。我相信你每次接受懲罰時會心甘情願，不會製造什麼麻煩。」

現在，父母們應該記住，這種教育方法能否取得成效，不在於使用什麼樣的懲罰方法，也不在於父母跟男孩展開類似的談話，而在於之後兩週的測試期間，母親能否嚴格、忠實地執行這一懲罰計畫。

根據這個例子，如果喬治能夠在這期間取得很大進步，母親應該告訴他，在這兩週裡，懲罰計畫實行得非常成功。在以後的日子裡，喬治已經沒有必要再脫下並反穿夾克了，母親可以提議將懲罰的方式改成脫帽子，或是反戴帽子。

聰明的讀者應該明白，這個例子中所講的這些具體做法，

在某些具體的情況中並不適用。其主旨在於，母親想要有效地
教育孩子，應該具備一種什麼樣的精神實質和心態。當然，在
這些有效的教育中，不應該包括責備、憤怒及抱怨這些常見的
方式。如果能夠堅定、持久地執行懲罰計畫，採取一些有趣的
懲罰方式，就能夠取得很好的效果。

懲罰也要講究方法

　　為了幫助孩子改正錯誤，父母應該盡量改變懲罰的性質，
並使之成為一種自然的習慣。如學校裡的男生在二十分鐘的下
課休息以後，往往還要再等五分鐘，才慢慢地拖著腳步回到教
室。下課以後，老師就應該讓他們在教室裡多待上五分鐘，以
彌補被浪費掉的五分鐘。男生會覺得這是一種合情合理的懲

罰，這對於那些男生在日後少犯同樣的錯誤會有一種良好的效果。雖然也有可能會使他們在心裡感到不滿，削弱了懲罰的效果，但卻不至於使男生們感到怨恨。不管怎樣，老師應該考慮到這種情況，並且盡量去避免。

現在，如果換一個角度，換一種懲罰的方式，效果就會好很多。例如一堂課剛剛結束，在男生走出教室之前，老師這樣對他們說：「昨天我發現你們多花了五分鐘才回到教室。今天，我會在你們休息到十五分鐘的時候打鐘，加上你們拖延的五分鐘，這樣你們就能按時回到教室。如果我發現你們需要十分鐘，那麼，明天我就給你們更多的時間用來回到教室 —— 我就在你們出去十分鐘以後打鐘。

「這樣做會導致你們失去部分下課休息的時間，對此我感到很抱歉。如果你們能夠按時回到教室，那麼你們將會擁有相對更長的下課時間。我想 N 次之後，你們能夠用一分鐘的時間就回到教室。對此，我毫不懷疑。如果真是那樣的話，我會感到很高興。那樣，你們將可以進行不間斷的十九分鐘課間休息。這對你們可是個好消息啊。」

在這兩種方法中，男生所受到的懲罰，其實是相同的，因為他們都少了五分鐘的下課玩耍時間。但是只要人們對教育孩子擁有一定的經驗，馬上就會意識到，這種方法與前面那種直接的方法相比，收到的效果是大不相同的。

同樣道理，如果父母允許一個三四歲的男孩在院子裡玩耍，孩子很可能會時常跑到大街上玩耍，並逐漸形成一個習慣。於是，母親便應該給他適當的懲罰。她可以要求孩子在一

天之內待在家裡，並且只能在她的視線範圍之內活動。並要求孩子晚上提前一個小時上床睡覺，與其讓他遭遇其他的麻煩，這個辦法所產生的效果要好得多。儘管不能一直這麼做，但父母還是應該千方百計地使孩子的心靈避免受到憤怒與怨恨的衝擊。這是在教育孩子時最重要的一點，否則它只會使父母懲罰的效果大打折扣。也就是說，懲罰的效果仍然要放在第一位，但父母可以發現，如果採用一種溫和、友善的手法進行懲罰，取得好的效果並沒有想像中的那麼難。

在上面的例子中，母親不允許孩子走出自家的院門，而且還要孩子在她的視線範圍內活動。這時，母親對於孩子所犯的錯誤不要反覆地談論，也不要加重對他的懲罰，更不能採用一些令孩子感到厭煩的懲罰手段。母親可以表達自己的不滿，但應該盡量緩解懲罰給孩子帶來的影響。她可以對孩子說：「對於讓你待在家裡這個決定，我感到很抱歉。但是，我覺得如果你能夠在院子裡玩耍，會玩得更加開心。如果有安全保障，我會讓你在大街上玩的。但是，我不會因為你在沒有安全保障的大街上玩耍就責備你。因為只要是跟你差不多大的孩子，都會經常做出這樣愚蠢的事。也許你會覺得在大街上走路更加有趣。但是，在大街上玩耍太危險了。等你長大一些後，你就不會再做出那樣的蠢事了。那時，我就會放心地讓你在院子裡玩，也不會再時刻看著你了。現在你待在家裡，我做什麼事情能讓你感到開心呢？」

在母親用這樣的態度和語言與孩子進行交談之後，即使無法徹底消除這種做法給孩子帶來的負面影響，也能夠最大限度

地降低對孩子心靈的傷害。與其他嚴厲的報復性措施相比，這種方法顯然能夠更加有效地幫助孩子改正錯誤。

在教育孩子的過程中，有些父母會問：是否應該採用體罰呢？許多教育學家對這個問題一直爭論不休。在我看來，問題的關鍵在於，這一手段應該如何實施？實施以後是否能獲得預期的效果？如果父母和老師有足夠的能力，並對孩子的心理有充分的了解，那麼他們不必對孩子進行任何形式的體罰，就能很輕鬆地樹立自己的權威。如果他們不具備這些能力，那麼就只能退而求其次 —— 用棍棒來教育孩子，這樣總比無所作為要強得多。但是，確實只有野蠻人才會靠棍棒來教育孩子。瑪利亞·埃奇沃思（Maria Edgeworth）可以用她的權威牢牢地控制一大群精力旺盛且衝動的年輕人，而且可以不用任何嚴厲的詞語，甚至連眉頭都不用皺。可見她在教育孩子方面的能力有多強。在與孩子交往的過程中，如果母親能夠始終保持一種公正、柔和而且誠懇的態度，那麼我相信，母親完全可以在不用體罰手段教育小孩的情況下，完成她的使命。在那些不理會這些方法的父母看來，對孩子進行體罰則是不可避免的。毫無疑問，棍棒能夠對孩子的行為產生一定的約束作用，在很多情況下也能收到很明顯的效果，但這種教育方法確實很低級。

第 06 章
教孩子聽話的第二種方法：學會獎賞

在前兩章中，我們談到應該如何培養孩子順從父母權威的習慣。這種教育模式的具體操作過程是：每當孩子犯錯以後，就必須要讓他經歷一些形式溫和卻又感到不舒適的懲罰，以此來抑制小孩子產生叛逆心理。在本章中，我們要討論另外一種教育形式。這種方法與前面談到的兩種方法在某些方面會有所不同，因為這種方法主要是對服從父母命令的孩子進行獎勵，諸如嘉獎孩子，或是為他帶來歡樂等等。總而言之，因為孩子能夠順從父母，所以父母就應對他進行獎勵。

只要父母堅持採取柔和的方式就可成功地教育孩子，雖然父母對孩子的懲罰很輕微，但只要堅持逢錯必究、有過必罰的原則，還是能取得很好的教育效果。而本章所說的這種獎勵的方法，卻需要父母具備更多的聰明才智、能力、技巧、耐心，以及足夠的辨別力。否則，父母是無法勝任這項工作的。想要有效而又公正的對孩子進行獎勵和表揚，就需要父母擁有極高的辨別力，而且要對孩子不同時期的不同心理特徵有所了解，對這種方法能否取得預期效果也要有所了解。在某些時候，還要對一些看上去百試不爽的做法進行適度的改變，以此來適應不斷變化的時間、地點。

▌孩子的順從不能是「買」來的

父母採用溫和的方式懲罰自己，孩子會對此養成習慣。同理，如果孩子將父母的獎賞或讚揚看得理所當然，或認為父母是在用「買」的方法使自己順從，那麼對父母而言，孩子對自

己的順從確實就是用錢換來的。嚴格說來，這種做法並不是在獎勵孩子，而是鼓勵他去做壞事。下面，我們就用一個具體的例子說明這兩種教育方法的細微差別。這其中的差別，如果母親缺乏足夠的辨別力，便很難察覺。

例如，在夏天的某個下午，一位母親要前往一個村莊。臨行前，她讓蘇珊負責看管孩子。蘇珊正在廚房裡做事，透過廚房的窗戶，她能隨時了解孩子們的情況。她認為，如果孩子們一直待在院子裡玩是很安全的，無須擔心。唯一要提防的就是不能讓他們跑到大街上。

很多情況下，孩子在馬路上玩耍會存在很大的危險。但是，母親僅憑著自己對孩子的一番說教，是不可能完全控制孩子的行為的。所以，最安全的做法莫過於把大門鎖好。如果這位母親相信孩子會服從自己的命令，那麼她是不會考慮孩子不聽話就會受到懲罰這個想法的。本著一種對孩子聽話的便進行獎勵的精神，這位母親會根據不同的管教模式，來決定自己對孩子的獎賞在性質上是否屬於「購買」。如果她想「購買」孩子的順從，她只要告訴他們，她要去村莊一陣子，在她離開期間，他們要乖乖地待在院子裡玩，絕不能走出大門。如果他們聽話，在她回來的時候，就會給他們買一些東西；如果他們不乖，他們就什麼也得不到。

如果孩子充分信任自己的母親，那麼母親的這種承諾就會發揮作用；只要孩子相信母親回來時一定會為自己帶來一些作為獎賞的東西，那麼這種做法就會行之有效。即使孩子不信任母親——母親也沒有給予他們這種信任，也會讓孩子覺得，

如果這次聽話的話，那麼到了下次，母親還會用一些獎勵來引誘他們；如果不乖乖地聽話，就得不到母親承諾過的獎賞。不管怎樣，只要孩子能夠信任母親所作的承諾，那麼這種辦法就是有效的，但卻仍然改變不了「購買」的性質。這樣做並不一定就是個「壞主意」。但我相信，一定還有比這更好的辦法。在母親直接給予獎賞的情況下，孩子能夠逐漸養成順從的習慣，比起那些對孩子進行威脅或懲罰的手段來，這種方法對雙方都是有利的。

不妨間接給予孩子獎賞

還有一種方法，不僅使孩子心情愉悅，還可以在一種友善的氛圍中使其順從父母的權威。同樣是勸誘孩子養成順從父母的習慣，這種方法相對於直接給予孩子獎賞來說，顯得更加積極健康。

同樣是上面這個例子，母親在離開孩子時，只是讓孩子乖乖待在院子裡，但沒有承諾要對孩子們進行任何形式的獎賞。她從村莊回來以後，向蘇珊詢問孩子們是否聽話。如果蘇珊的回答是肯定的，那麼她就會對孩子點頭微笑，滿臉喜悅，母親會對孩子們說：「我就知道，你們會聽我的話，現在我更相信你們了。」

就這樣，一直到了晚上，孩子們或許早就把這件事忘記了。但母親卻找到一個合適的機會，把孩子們都叫到自己的身邊，說自己有事要跟他們說。「你們大概都還記得，今天我去

村莊時，把你們留在院子裡玩耍。我對你們說不能走出大門一步，你們都遵守了這一點。也許，當時你們很想在大路上自由地玩耍，但你們因為我不准你們這樣做，你們就沒有做。你們都很聽話，我很高興。我現在對你們很放心。如果你們是不聽話的孩子，我就會擔心你們，毫無安全感。現在，你們讓我充滿了安全感。所以，當我在村莊買完東西時，我覺得應該買一些棒棒糖來獎勵你們，棒棒糖就在這裡，你們可以坐在地毯上，把這些糖果分了。瑪麗先拿一顆，然後換珍妮，直到妳們把糖果分完為止。」

有些讀者可能會說，這種方法與直接給予孩子獎賞的方法基本上沒什麼區別。其實，如果仔細推敲，我們會發現，它們所採取的方式並不一樣。在某些情況下，在實行某種教育方法時，方式的改變會對結果產生很大的影響。如果你為了對孩子們服從命令提出表揚，就直接給予他們獎賞，他們就會想當然地認為這是一場交易。從此以後，他們也會自然地認為，只要完成了自己的義務，就理所當然地應該從父母那裡獲得獎賞，他們甚至會主動走過來向你要獎賞。實際上，這的確是孩子在這種情況下真實的心理寫照。如果事情發展到這種地步，那麼無疑會沖淡孩子的責任感──一種要做正確的事情的責任感。他們要馬會有選擇地去做正確的事，以便可以獲得獎賞；要馬寧願放棄父母的獎賞，只為了做一件壞事。

但是，對於第二個例子，雖然乍一看只是在形式上與第一個例子有所區別：母親用間接的方式對孩子的順從進行了表揚，然後把糖果分給孩子，這會在孩子的心裡產生一種積極而

又愉悅的效果。做正確的事對他們而言，就顯得格外具有誘惑力。以後，當孩子遵守父母的命令時，他們會自願去做正確的事，因為他們意識到了自己的責任感。在他們的腦海裡也不會產生這樣的想法：順從母親的意志，待在院子裡，是母親用獎勵從他們那裡換來的，而最後得到獎賞也是理所應當的。

獎賞的原則：把孩子正確的行為與獲獎的快樂連繫起來

在給予孩子獎賞的時候，父母首先應該把孩子所做的正確行為和他們所感受到的愉悅情緒緊密地連繫起來。所以，父母絕不能事先就承諾要給予他們獎賞。否則，在孩子眼中，父母就應該永遠遵守這個承諾，就如同為孩子的「服務」支付薪水一樣。當母親看到孩子所做的正確行為，看到孩子自覺服從命令時，自然會流露出一種滿意、快樂的情感，這時母親才會給孩子以獎賞，對其進行激勵。

如果母親能夠對這一原則了然於心，在實際生活中，她們就會以此為基礎，變換獎勵的方式。例如，閱讀。閱讀對孩子來說是一件無聊透頂的差事。因為要他放下手中的玩具去讀書識字，對他來說簡直太痛苦了。有時，一位不夠耐心的母親會對孩子如此差的學習幹勁感到心痛不已；一旦母親發現，自己的孩子對讀書竟然提不起半點興趣，她就會感到苦惱不已，並可能會因此而責罵、嚇唬孩子。「如果你現在不努力讀書識字，等你長大之後，你就會變成一個蠢材。到那時，每個人都會嘲

笑你，你也會因此而羞於見人。」

對孩子來說，他對於學習閱讀還沒有一個明確而又堅定的認知。實際上，他對此可以說是一無所知。儘管母親可以向孩子講這些理論上的東西，如指出其讀書的重要性，但是，這些描述往往難以在他的腦海中形成一種感知上的認知。透過對未來的預見來指導現在的行為，這種能力只有心智完全成熟的人才能具備。對於腦部組織尚未發育成熟、體格還沒有發育到具有足夠的韌度和力量的孩子而言，很顯然，他們還不具備這種能力。

在這個階段，他只會受到眼前事物的強烈影響，至多受到一些最近發生的事情的影響。這是自然的規律，誰也無能為力。因為孩子的預見能力弱，許多母親就會感到鬱悶和苦惱，為什麼孩子就不能把眼光放得更遠一些呢？可見這些母親對於孩子的幼小心靈及其發育過程有多麼無知。與其說母親是在為孩子無法意識到讀書的重要性而大動肝火，不如說她是在和孩子發育緩慢的預知能力鬥氣。這又是何苦呢？

想要使孩子認真地履行課業的職責，不能光靠跟孩子說讀書是多麼重要，而應該用父母對孩子的絕對權威來教育他們。母親可以說：「我知道讀書識字是件很煩人的事，但是你必須要這麼做。玩耍時，你會很開心，這一點我知道；要你回來學習一些難懂的詞彙有多難受，這一點我也知道。對所有孩子來說，這都很不容易，但是你必須得做。」

對於其他類似的事情，也可以使用這種方法，因為它能夠最大限度地減少責任感帶給孩子的那種厭煩、不滿的情緒。在

這裡，父母並不需要去勸誘、說服孩子，只要透過對孩子的絕對權威來達到目的就可以了。孩子必須要放下手中的玩具，回到書桌前讀書，他們這樣做並不會從母親那裡得到任何好處，只是因為母親要求他必須要這樣做而已。

既然孩子認為閱讀識字是一件苦差，那麼母親為了讓他得到一點樂趣，可以在孩子讀完書以後給他講個小故事，或是讓他看一張圖片、玩耍一陣，也可以給他一塊糖果，透過這些途徑使孩子獲得一點點滿足。但要注意一點，所有對孩子的獎勵都不要事先就告訴他，避免使孩子從心裡產生一種你是在「購買」他的順從的印象。要讓孩子對你無條件地服從，然後再給他一些獎賞。看到孩子十分聽話，母親自然就會流露出一種滿意的態度，這些獎賞就是對孩子時刻順從父母權威及對他忠誠履行自己職責的一種鼓勵。

▍不能讓孩子從聽話變成盲從

在大多數情況下，孩子會為了眼前的樂趣而不去理智地分析、預見未來的事情，進而做出改變。雖然我們對此並沒有抱太大的期望，但絕不能因此形成了母親一點也不能利用孩子這種動機的意識。確實，一般只有成年人才具有那種對未來事情的預見性和自制的能力，對孩子來說，他們的腦海中顯然還沒有形成這種認知。但母親卻可以為孩子學習這種能力提供很大的幫助。在適當的時候，應該讓他知道閱讀的樂趣與價值。當然，為了達到這一目的，她應該想盡辦法以最生動、有趣的方

式來實現。如在選擇課程時，在出行駕車時，也可在散步之際，甚至是在講故事、欣賞畫冊的間隙，都可以去做。最不適宜的情況，是當你對孩子下達命令，而他卻並不想遵守或很不情願地去遵守的時候。這時，對母親而言，她們或許並沒有意識到，用理智或是對孩子說教的方式來鞏固自己並不牢固的權威，這種做法其實收效甚微。因為在這種情況下，她越是想對孩子進行教育，她的權威就越會被削弱。這就好比一株已經習慣於纏繞在竹籬上的植物，如果沒有竹籬作為依傍，它就不能存活。

一旦母親開始企圖用與孩子爭論、哄騙等手段來維持自己的權威，那麼就意味著她的權威已經開始受到前所未有的削弱。

1‧父母不能用權威壓制孩子

當父母努力樹立自己在孩子面前的絕對權威時，必須要將這種絕對權威當作一種堅定的原則，絕不能因為使用勸說或說教等容易使孩子產生抗拒或叛逆心理的方法，就放鬆了對孩子的絕對權威。為了堅持這個原則，在實現這個目標時，父母可以採取一些其他的方式，這在一定程度上能夠使孩子的服從變得更加容易，至少，它可以削弱孩子在服從父母命令時那種畏懼與不滿的程度。

一個較為有效的方法是，不要突然要求孩子去做一件讓他感到難以接受的事情，而是應該給他一點時間準備，讓他在心裡好好想一下即將發生的事情。例如，當強尼與瑪麗正在地板

上高興地玩積木，他們馬上就要完成搭建許久的塔頂。如果這時母親突然走進房間，不由分說便粗暴地弄倒他們即將建成的木塔。將積木收進籃子裡以後，母親又大聲對他們吼：「現在應該上床睡覺了。」這種做法的突然性、粗暴性都會對孩子的整個神經系統造成極為強烈的刺激，而且大大加劇了孩子在遵守母親的強制命令時的那種失望、痛苦的心情，但假如母親能延遲哪怕短短一分鐘時間，就能讓孩子有足夠的心理準備，他們就能很容易、很愉快地接受母親的命令。比如，母親面帶微笑走進來，饒有興致地看著孩子們玩積木，然後語氣舒緩的說：「孩子們，現在已經到了睡覺時間，不過我想看你們完成積木。」

在這些情況下，在母親做出最後的決定前，只要延遲一分鐘，就能把整個行為的突然性降到最低。孩子也會更願意遵從母親的話，放棄玩耍，乖乖地上床睡覺。這會讓他們更樂意聽媽媽的話，而不是像之前那樣感到極為惱怒、痛苦。

2·多給孩子一點緩衝時間

同樣地，當母親想結束孩子們的派對時，身為女主人，她可以說：「因為時間的關係，孩子們只能再『玩一下』或是『玩兩個遊戲』，然後，派對就必須要結束。」母親這種方法能夠使孩子們相對容易地接受建議。但是，如果派對結束的時間到了，母親便馬上貿然地打斷玩得正起勁的孩子，說現在時間已經到了，派對應該馬上結束，他們現在必須立刻停止玩耍，準備回家。這種做法無疑會使孩子感到極其突然，內心中會產生

一種極度的失望與無奈之情。

　　所以，不管出於什麼目的，當母親準備讓正在玩耍的孩子去做一些事情的時候，一定要事先提醒他們，哪怕是一點暗示也行。例如，母親可以對約翰說：「約翰，再過一兩分鐘，你去找一些木材帶回來。現在，你就先去準備一下，等等就出發吧。」對瑪麗則可以這樣說：「瑪麗，現在已經到上學的時間了。妳最好把手中的玩具娃娃放到搖籃裡，讓她好好睡一覺。」或者說：「孩子，再過十分鐘，妳就應該去上學了，所以不要再吹口哨了，現在繼續完成妳手上的工作吧。」

　　同樣道理，如果男孩在外面玩耍，無論是滑冰還是放風箏，母親最好提前五分鐘用提醒他們「該結束了」。這樣，他們會更加容易聽從父母的命令。

　　有些時候，父母想要事先對孩子進行提醒，但是由於種種原因，父母這麼做並不方便。其實，根本沒有必要事事如此。根據當時所處的環境，採取恰當的方式才能最好地應用這一原則。父母可以運用一些技巧和自己在這方面良好的判斷力，而生搬硬套顯然是一種愚蠢的做法。母親如果明白了這個道理，她就會知道，在情況允許時盡可能地運用這一方法才是最佳的選擇。在實踐中，當她了解了這種方式所蘊涵的價值及正確的運用方法以後，就會發現在實際應用的時候要比她想像的更加容易。

3・千萬不要弱化父母的權威

　　身為父母必須要意識到，為了讓孩子順從自己的命令，應

該先給他們幾分鐘的準備時間，但是，這樣做並不意味著父母放棄了自己的權威，也並沒有降低孩子對所要服從的命令的明確程度。如果父母要求孩子在五分鐘之內去做一件事，孩子就必須要在這段時間內完成。總之，孩子必須要聽母親的話。不過，給孩子一點時間準備，使他們對命令能夠比較容易的接受，父母必須要小心謹慎。儘管父母應該要牢牢地維護自己的權威，但仍需要注意，在行使這種權威的時候，絕不能顯得不耐煩，或者是給孩子帶來某種痛苦。同時，不要因為父母對孩子的權威而剝奪孩子們享受童年樂趣的權利。父母必須要堅持使孩子服從自己的權威，但也要盡量避免讓這種權威成為制約孩子自由發展的枷鎖。

在實際應用這種方法的過程中，父母要意識到，這樣做是為了讓孩子享受屬於自己的樂趣，同時也是為了孩子自身健康著想。這絕不是無稽之談。儘管我們還無法確定這對孩子心靈的影響有多大，但人們已經清楚地意識到，能夠對人體起到鼓舞士氣作用的心理刺激，都是透過大腦的物質性器官組織來傳達的。在孩子小的時候，他們的腦部組織結構還沒有完全發育成熟，而且正處於極度敏感、脆弱的階段。一切能夠對他們的神經系統造成突然、劇烈刺激的記憶，尤其是那些摻雜著痛苦的記憶，都將對這些神經器官產生極大的刺激，嚴重的甚至能殘忍地破壞這些稚嫩的器官。

其實，我們只要回顧一下切身經歷，就能知道，一個處於正常狀態下的人，如果受到一定的心理壓力或是有其他的一些煩惱，他的消化器官就會受到很大的影響，進而茶飯不思；對

一些經常頭痛的人來說,他們經常會因為心中憂慮或迷茫而舊病復發,這些情況其實都是很常見的。當人們心中某些帶有暴力或是痛苦的情緒超過了一定的界限,就會給人的神經系統造成嚴重的傷害,一旦對大腦敏感的神經機制造成無法修復的創傷,甚至能夠使人處於一種永久性的、難以治癒的精神失常狀態。因此,對孩子的神經系統來說,我們完全有理由相信,那些突然性的驚嚇、帶有暴力性質的痛苦刺激、父母的暴躁脾氣和喜怒無常的情緒,所有這些都會影響孩子腦部器官的正常發育。許多情況下,這會給孩子的童年生活、身心健康,以及未來的人生道路蒙上一層陰影。

父母在教育孩子時,不可能完全避免對孩子的心靈形成衝擊,也不可能完全避免引起孩子的憂慮,但無論如何,我們都要盡可能地去避免。想要做到這一點,最有效的方法就是用堅定、沉穩而又柔和的態度去建立並且維持父母的權威。許多父母會產生這樣一種錯誤觀念:他們對孩子進行無節制地放任,然後透過說教,或是給予孩子一些「賄賂」就能建立自己的權威,但是這些小手段並不是真正的權威。實際上,那些嬌生慣養、缺乏教育的孩子反而是最容易動怒,最容易變得急躁的一群人。

所以,如果採取一種強而有力、統一而又公正的教育,同時輔以一種柔和的手法,便能讓孩子最終擁有一個快樂的童年。這可以說是最有效的教育方法了。

總之,母親應該盡量讓孩子懷著一種輕鬆、樂觀的心態去服從自己,並且透過柔和的手法,盡可能地不讓孩子因為母親

的強制命令感到痛苦，而是在這一過程中感到充滿樂趣與溫情。不過，最重要的一點是，這些柔和的手法一定要控制在母親的權力範圍之內，一面是堅硬與果敢的方式，另一面則是散發著柔和與輕鬆的芬芳。

第 07 章
培養孩子也是一門藝術

現在，我們可以很清楚地看到，要使孩子養成服從父母權威的習慣，最簡單、最常用的一種方法就是懲罰與獎賞並用。其實，這些方法在上面我們已經詳細地討論過了。在使用懲罰這種管理途徑的時候，父母必須要確保其柔和的性質，同時堅定地去執行，這樣才能使孩子乖乖聽話。而對孩子進行獎賞時，就需要父母更加小心謹慎，如果能用這種態度去執行獎勵，孩子會認為這種獎勵是因為母親認可了他的服從行為以後才給予的，而不會覺得父母是在「收買」他們。這些其實都是最常見而又最簡單的方法，在實施起來也是最容易的，並不需要父母具有多麼超群的能力。只要父母能夠用柔和而又堅定的方法執行，同時輔之以良好的常識，就可以嫻熟地掌握這些方法。一旦給予孩子一定的任務，父母就必須要堅定地執行下去；對孩子的不聽話，則要給予公正而又柔和的懲罰。父母們必須要意識到應在力所能及的範圍內對孩子的服從給予獎賞。

培養孩子是父母的責任

但是，除了上面已經談過的兩種方法外，還有一種方法也能對孩子產生有益的影響。使用這種方法的目的，並不是要簡單地代替上述兩種方法，而是與前面兩種方法相輔相成，相互作用。這種方法如果能夠堅定地執行，就會對孩子產生深遠持久的影響。當然，這也對那些想成功執行這一方法的父母提出了更高的要求。因為這種方法的成功實行需要父母全方位的努力，只有這樣，才能使孩子懷著一種愉悅而又快樂的心情由衷

地服從父母的教育。

在前面我們已經說過，很多父母，確切地說是幾乎全部的父母，認為孩子對父母的順從是理所當然、天經地義的事，而且這些父母用自己的實際行為支持了這個觀點。在孩子接受教育以前，這些父母並不期望孩子能夠掌握閱讀、寫字等能力。就像他們不會期望一隻沒有受過訓練的狗能夠用嘴幫主人銜東西，一匹沒有訓練過的馬在拉車時會明白主人給它的信號和命令一樣。在前幾章所講的例子中，父母都會意識到培養與教育孩子的必要性，並且清楚地意識到，他們應該而且必須去做這件事。假如有一匹馬，天生具備中等以上的智慧，卻無法很好完成主人交給牠的工作，人們馬上就會把責任歸咎於負責訓練牠的主人頭上。所以，當孩子逐漸長大，身體越來越強壯的時候，母親卻因為自己無法對孩子的蠻橫與搗蛋進行有效的管治而傷心。當她回想起當年，孩子的身心還剛剛處於發育的萌芽階段，那時孩子是多麼溫順、單純啊。但是，那時自己卻沒有採取有效的手法樹立對孩子的權威，每當憶起這些事情，母親又怎能不捶胸頓足、懊悔萬分呢？

之前我們已經闡述了很多次，例如孩子在餓的時候要吃食物、在渴的時候要飲水、厭惡傷痛、堅決守護屬於自己的東西、在遇到危險的時候跑到母親的身邊等，這些事情並不需要父母的教育，孩子天生的本能反應就會讓他們這麼做。但是，像說話、閱讀、寫作、算術、不撒謊、順從父母、原諒別人給自己造成的傷痛、勇敢面對自己幻想出來的危險、忍受生活中不可避免的痛苦等這些事情，都不是孩子的本能。但是，他們

卻具有趨向這些方面的潛力。當然,如果沒有得到父母或他人的教育和培養,孩子的本能是不會朝著這些方向發展的。事實上,孩子能夠從日常生活中發生的一些事情偶爾獲得這方面的一些經驗和知識。如果孩子在小時候遭受到一些挫折或傷痛,甚至是一連串的打擊,都能對他們的內心產生一定的影響。但孩子所接受的這些教育或是從中得來的經驗、知識都是零碎的,他需要接受更為直接和系統的教育。但令人遺憾的是,往往只是在孩子的本能反應不明顯時,父母才去樹立孩子必須服從的絕對權威。在其他方面,他們並沒有對孩子進行系統而又適當地教育。所以,在孩子心中,總會有很多不確定的、不穩定的影響,如父母的抱怨、斥責,以及在家裡遇到一些緊急情況等,他們就會遭到突然性的刺激或是其他方面的影響和衝擊。而且,由於父母本身就對正確的教育理念認知不清,而且時常發生變化,所以導致了他們沒有辦法也沒有能力去培養和教育自己的孩子。

培養孩子服從自己的權威是父母的責任,這個責任並不應該由孩子承擔,而是應該由父母承擔。假如一位母親能夠在一開始的時候就有這樣一種意識,那麼必將有助於這位母親樹立自己在孩子面前的權威,而且只要她在這方面進行努力,很容易就能獲得成功。可以毫不誇張地說,這是母親肩上最重要的一個責任。想要完成這個責任,需要母親深思熟慮、三思而行,並且採用靈活的應對手法。

【家教實例】—瑪麗的教育

如果孩子聽話，就給予他一定的獎賞；如果他表現叛逆，就對他施加懲罰。這是一種有效的做法，但是，除此之外，有一些母親竟然不知道應該採取什麼方法使孩子服從自己的權威。為了能夠更好地介紹以下的幾種方法，我們有必要先在這裡探討一個很特別的例子。

瑪麗是一個十七歲的女生，她在姐姐的家裡小住了幾天。很快就發現姐姐的兩個孩子 —— 阿道弗斯與露西亞完全不聽母親的話。他們的媽媽只能透過哄騙、建議、說教等方法來教育孩子。她總是說「我不會做這個」或者是「我不做那個」。其實，除了對孩子使用強制性命令以外，其他的一切方法她都嘗試過了。因此，孩子們可以隨心所欲地做他們想做的事。母親對孩子的叛逆與不聽話感到無可奈何，只有在孩子給她非常大的麻煩時，她才會斥責他們。但是，這種斥責對孩子而言，只不過是耳邊風而已。

了解了這些情況以後，瑪麗自言自語地說：「我要做的第一件事，就是要讓孩子們聽話，至少也要讓他們服從我的命令。看來，我需要給他們上一堂課。」

瑪麗希望阿道弗斯與露西亞兩個人能夠一起帶她到花園去賞花。她說，花園裡有許多美麗的花朵，如果他們能夠在採集和整理花朵的時候幫忙，並且聽從她的指引、明確地服從她的命令，她就會幫他們各做一束花。

兩個孩子答應了她。於是，瑪麗與他們一起走進了花園。在裡面，她從一邊走到另外一邊，對一些孩子不會做的事情，不時地給出一些具體的指示。瑪麗忙著採集花朵，並且把其中的一些花交給阿道弗斯，另一些交給露西亞，讓他們好好地拿著，並交代了一些細節上的問題。例如，要把一些花朵放在一起，另一些則要從中挑揀出來。然後，她帶他們走到涼亭。她要求孩子們把這些花放在長

椅上就不要再碰。然後，在長椅中間留出一塊乾淨的地方。孩子們不明白這是為什麼，瑪麗說：「待會你們就會明白的。無論怎樣，你們都必須聽從我的話。待會我會向你們解釋原因，也許，過一會你們自己就會明白其中的原因了。」

就這樣過了一段時間，他們已經收集了很多不同種類的花朵。瑪麗在椅子上留出的地方坐了下來，並讓孩子們坐在之前擺放鮮花的地方，每人各負責一些花朵。她要求他們對已經採集的鮮花進行篩選。然後，她做了兩束鮮花，送給兄妹倆每人一束，並讓他們自己嘗試著去做花束。在製作過程中，她又給了孩子一些具體的提示。如果瑪麗的目的是培養孩子的品味或是觀賞能力，她完全可以讓他們從一開始就選擇花朵，並讓他們做花束，那樣也許會更好。但是，瑪麗的目的就是教育孩子要服從她，或者說是養成服從的習慣。所以，她對孩子的命令越多越具體而明確，取得的效果就越好。假如瑪麗給他們的命令本身就不明確，無疑就會使孩子們感到厭煩。他們會以一種悶悶不樂的、煩躁的心態去遵守瑪麗的話。

當花束做好之後，瑪麗會把自己做好的花束交給他們，連同他們自己做好的花束一起帶回家。他們可以把這些鮮花放在客廳壁爐旁的玻璃瓶裡。然後，她就與他們一起走到客廳中央，靜靜地欣賞這些鮮花。

「你們看，這些鮮花多漂亮啊！因為在製作的過程中，你們一直都服從我，我說的每一句話，你們都嚴格遵守，所以我們才能做得這麼出色！」

　　毫無疑問，瑪麗培養孩子順從的第一堂課是十分成功的。但這堂課僅是一個好的開始而已。如果到了第二天，瑪麗就開始要求孩子遵守一些讓他們感到厭煩的命令，或是讓他們做出額外的犧牲，或是做一些違背他們意願的事情，他們就會置之不理。當然，如果從沒有接受過瑪麗的第一堂課，他們更是會毫不猶豫地加以拒絕。可以肯定，如果瑪麗能夠用第一堂課裡培養小孩的那種精神繼續努力，不出幾個星期，就能夠樹立對小孩的權威，讓孩子服服帖帖地順從自己的意願。

　　但是，這種類型的培養能否取得最終的成功，並不在於讓孩子產生對獎賞的期望，或是對懲罰的恐懼。瑪麗在一開始的時候並沒有承諾要給他們花束，而且一直到最後，瑪麗也沒說過要把花束作為對他們的獎賞這一類的話。但是，不可否認的是，孩子在這一過程中自己也能感覺到，聽長輩的話對自己是

有好處的。最終，他們因為自己做了正確的事情而感到滿意，但這種感覺並不是因為得到獎賞而產生的。瑪麗這堂課能夠如此有效，是因為她運用了與以往不同的方法。

　　瑪麗知道，服從長輩的意識在孩子的心裡是極為淡薄的，因此他們不可能忍受得了較為嚴峻的考驗。所以，她要想方設法地讓孩子們受到最小的壓力。雖然她讓他們做了很多不同的事，但每件事卻都很容易辦到，與此同時，她還給了他們一些並不需要違背他們自己的意願就能遵守的禁令。更令人稱奇的一招是，她把孩子服從自己的權威，與讓孩子感到樂趣和成就感連繫在一起。因為她知道，孩子們一定會對採集花朵、製作花束的過程感興趣。到了最後，她又毫不吝嗇地表揚了孩子們。

　　在現實生活中，我們可以發現許多像瑪麗這樣的人，對於某件事情，他們雖然不會像上面所說的那樣，事前就在心裡進行很詳細地分析與研究，也不會用語言把其中的道理表述出來，但他們卻牢牢地掌握了這一方法的精髓與核心。他們本能地認為，只要運用這種方法，最終就能達到自己的目的。當看到有些人能夠輕而易舉地將性格各異的孩子置於他們的權威之下時，一定會有不少人情不自禁地發出驚嘆。他們認為這其中充滿了神祕色彩，並堅定地認為這些人「在這方面有訣竅」。事實上，根本沒有什麼神祕可言，也沒有半點不可思議的地方存在。他們所擁有的只是一般人應該具備的常識和縝密的思考，以及對孩子不同年齡階段的不同特點的深入了解，僅此而已。想要獲得這些能力，對人們來說並不是多麼遙遠的事情。

　　瑪麗的看法是，在孩子內心，服從的原則並沒有完全消失。雖然這種原則並非完全源自天性，但他們對此的印象卻在很小的時候就形成了。孩子們認為自己有責任與義務去服從長輩的權威，但是這種傾向在他們身上出現的概率其實是很低的。尤其是在阿道弗斯和露西亞的心中，這種意識可以說是極其薄弱的，這就好比一株已經奄奄一息的植物，需要人們細心、周到的照顧才不至於枯死，並由此漸漸恢復正常的健康、活力。瑪麗對姐姐的兩個孩子就採取了與之類似的教育方法，也就是讓孩子心中已經變得脆弱而又不堪考驗的原則得到一種溫和的訓練。瑪麗沒有讓他們受到任何過於嚴峻的考驗，而是有步驟地讓他們養成這一習慣。在這一思想的指導下，對孩子進行耐心、堅持不懈地培養，過一段時間以後就一定能夠取得理想的結果。而且，每位父母都可以透過自身的實踐來驗證這一結果。

　　在這裡，我們不可能對各種教育方法依次進行詳細說明。即使是瑪麗這樣的教育者，想要讓孩子服從自己，也必須根據實際情況的變化隨時進行調整，以適應孩子們在不同階段所具有的不同特點。對許多急於想要採用這種方法的父母來說，我們提醒他們注意以下三點。

▋給父母的三條指南

1. 不要妄想自己的孩子能自覺地變得聽話、乖巧。父母應該記住，在孩子不聽話時，不要對他們進行報復性的責備或

是懲罰。恰恰相反，父母應該明白，想使孩子變得聽話、順從，就需要他們運用自己的聰明才智，堅持不懈地執行細心、柔和的培養方法。

2. 如果孩子已經習慣於反抗父母的命令，那麼就不要妄想孩子能夠一下子變得聽話、服從。急於求成的父母，會寄希望於那些一次性的、突然而又劇烈的手段，或許是一連串的斥責與威脅，或許是對孩子宣稱從今以後要改變那種無效的教育方式。父母希望借此表明自己「改過自新」的決心，從而使孩子的行為出現令人滿意的轉變。但是，父母試圖改變孩子錯誤傾向的這些手段，就好像用錘子不停地錘擊一棵正處於生長期的大樹一樣，怎麼可能讓它彎曲的樹幹變直呢？

3. 相反的是，在開始執行這一方法時，不要事先告訴孩子你將要採取什麼行動；也不要一味地揪著孩子以往的錯誤不放。身為父母，應該清楚地意識到，孩子在生活中所表現出來的不良傾向，很可能是繼承了父母基因的結果。毋庸置疑，無論孩子的行為存在著什麼樣的錯誤或是不正確的習慣，都是因為父母教育的問題導致的。所以，父母一定要小心謹慎、輕柔緩慢地採取行動，一旦執行，就要確保堅定性、持久性。只有這樣，才能使彎曲的樹幹逐漸回到正常的位置，然後繼續生長。這樣做並不需要父母具備多高的才智和技巧。因此，只要父母們認真、忠實地執行，就一定能夠達到這個目的。

第 08 章
教孩子聽話的第三種方法：
了解孩子

　　對於我所闡述的方法 —— 如何培養孩子服從父母權威的方法，為了能夠讓各位父母有一個更為清楚的認知，我要列舉出幾種具體的方法。在這之前，我們談到關於獎賞與懲罰的方法時，已經闡述了一些具體而又明確的規則。所以本章所講的這些方法，與父母對孩子進行獎賞或是懲罰毫無關聯。而這些方法的使用，必須要依靠父母所擁有的技巧、創造性以及聰明才智。同時他們還必須具有一種洞察力，去發現那些沒有能力教育好孩子的父母所犯的錯誤，這樣才更容易取得成功。我們所能做的，也只能是給予父母一些建議或是忠告。下面就是這幾個具體辦法的要點。

▎認清什麼才是正確的

　　對父母來說，要使孩子逐漸養成服從的習慣，一個極為有效的方法就是，父母需要了解孩子所做的正確行為，並且要明白地告訴他，你已經知道了這一點。當孩子們坐在地毯上玩耍的時候，媽媽不時地叫其中的一個孩子來到她的身旁 —— 假設這個孩子叫瑪麗。瑪麗應該馬上來到母親面前，因為她對這些情形已經習慣了。實際情況是，如果瑪麗能夠順從母親，她就會立即停止玩耍，直接來到母親面前，毫無抱怨。而母親則可能覺得瑪麗這樣做是很自然的事情。只有當瑪麗聽到命令之後，沒有立即停止玩耍並來到母親面前時，她才會意識到，孩子對自己的服從並不是理所當然的。可能當時瑪麗已經過分沉溺於遊戲中，沒有及時來到。此時媽媽會說：「瑪麗啊，我叫

妳的時候，妳應該馬上過來才對。妳不能讓我等妳。」但實際情況是，瑪麗以前每次都能馬上來到母親的身旁，母親對此卻沒有給她一句讚美之詞。

受到母親的數落以後，瑪麗在心裡也感覺很不高興。當她重新回去玩遊戲時，可能就會變得悶悶不樂。

現在，在母親的這種教育之下，她可能還是會對母親的命令馬上順從。但是，她已經沒有心思對此進行改進，母親再叫她時，她會逐漸變得很不情願，動作遲緩。

但是，當瑪麗迅速來到母親的身旁，完成母親交代給自己的差事，正準備回去玩耍時，如果母親能夠對瑪麗說：「我剛才叫妳的時候，妳就馬上停止玩耍，趕到我這裡來。妳做得很對。我對此感到十分高興。在聽到命令之後，儘管妳當時正在玩耍，卻仍然能夠動作迅速地來到我面前。我想以後可以完全信任妳了。」聽了母親的表揚之後，瑪麗會帶著愉悅的心情重新投入到玩耍中。這件事可以讓瑪麗在日後每次聽到母親的命令都會更願意去執行。

當約翰與媽媽穿越田野間的一條小路時，他看到了一隻漂亮的蝴蝶，於是約翰開始追逐牠。他逐漸遠離了那條田間小路，而且跑到了一個母親認為可能會存在危險的地方，因為那裡遍布著碎石。於是母親命令約翰馬上回到她的身邊。通常情況下，如果約翰不聽話，就會被母親責罵；如果他馬上就回來，母親卻一言不發。在這兩種情況下，母親的行為都無法對約翰的心靈產生什麼重要影響。

但是，如果母親能夠這樣說：「約翰，當我叫你的時候，

你馬上就回來了。當時你正在追逐蝴蝶，而且差不多就要成功了，我卻叫你馬上停止，回到媽媽的身邊，這一定會讓你感到十分難過。但是，你還是照做了。真讓我開心。」母親這種處理方法可能讓約翰在下次遇到類似的情況以後，心甘情願地服從母親的命令，回到她的身邊。

▍褒揚正確，但絕不能忽視錯誤

　　當然，想要對孩子表示注意，對他們做的正確的事情表示讚賞，父母可以透過千變萬化的形式進行。但是，在這個時候，有一點是需要父母警惕的：在對孩子表達關心及對他們所做的正確事情進行讚揚時，絕不能對孩子所犯的過錯置若罔聞。這樣做是對這一做法的嚴重曲解。而事實上，還有一個更令人擔憂的問題。這個問題是真實存在的，並且值得父母嚴肅對待，那就是應該努力避免對孩子進行過多的、不恰當的讚揚，防止他自大。為了獲得積極的結果，消除這種辦法帶來的負面影響 —— 我們在上面也已經談過，需要父母具有靈活的技巧與創新能力。只要父母具備了一定的技巧和細心，每當孩子做了正確的事，需要給他足夠的關心和表揚時，即使只是一個簡簡單單的關心的眼神也能起到相對應的效果。相對於孩子犯錯以後使自己產生的不滿，父母應該更加關心孩子們做對的一面，並且迅速及時地對他進行讚揚。這才是培養孩子的正確途徑。

　　如果孩子身上所具有的某個優點得到了長輩的稱讚，從此

以後，他們就會更加樂意並且手腳勤快地去做長輩要求他們做的事，因為他們希望自己能夠繼續保持這些優點。但是，他們卻不願意從因犯錯而遭受的恥辱中解脫出來。換句話說，相對於讓他們遠離犯錯來說，引誘他們做對的事要容易很多。

讓孩子學會對自己負責

對孩子來說，父母以直接的方式所給予的「忠告」最令他們反感。顯然，這些忠告對孩子的影響是微乎其微的。在很多情況下，孩子產生這樣的反應是有充足的理由的，因為父母給孩子的忠告幾乎全是一些概括性的話語，而且這種話都帶有一定的抽象性。這些話對孩子來說，都是難以理解的。他們的解析綜合性及抽象性話語的意識和能力還沒有完全成形。可能這些忠告對孩子來說只是日常生活中的一些具體、實用的建議和命令，但是，它卻會讓孩子覺得很厭煩，孩子會理所當然地認為這是父母糾正他們所犯錯誤的另一種方式。而事實上，我們必須要承認的是，對孩子進行的所謂「忠告」都帶有幫孩子糾錯的「嫌疑」。因為，這些忠告幾乎都是父母透過最近一段時間的觀察，看到孩子的錯誤、缺點與不足之處，然後總結出來的。我們對孩子的行為舉止給予一般性的忠告時，需要遵守下面這個原則：一定要使自己的忠告變得具體，而且在日常生活中具有實際的可操作性，與此同時，不要總是指責孩子以前所犯的過錯，這樣只會分散孩子對父母當前所給忠告的注意力。當然，如果我們能夠對孩子的日後生活提出既實際又積極的建

議，效果會更明顯。在給予孩子這一類型的忠告時，父母可以採用很多不同的形式。所以要取得理想的效果，就離不開父母的技巧和創新的能力。但是，很多父母還是想用一些柔和的方法，使孩子產生「要對自己負責」的觀點。只要父母能夠這麼想，就一定能輕鬆地發現這些技巧，並且掌握使用這些技巧的能力。

【家教實例Ⅰ】—詹姆斯與他的弟弟妹妹們

　　暑假期間，詹姆斯到叔叔家小住。叔叔有兩個孩子，分別是八歲的沃爾特和六歲的安。詹姆斯被帶到他們的房間看了一下，發現他們的房間亂得一塌糊塗。在書架上，各種書籍四處亂放；在另外一個地方有一個箱子，裡面裝著玩具，那些玩具很多都已經破損，而且雜亂無章地堆在了箱子裡。房間裡還有兩張桌子，一張靠在牆邊，另一張在房間中央，兩張桌子上面都放滿了垃圾。看到這種情況，如果詹姆斯一開口就因為孩子們房間的邋遢對他們進行說教，比如說他們應該承擔何種責任，應該把自己的房間整理好之類的話。這樣做可能只會產生一種結果：兩個孩子以後再也不會讓詹姆斯進入他們的房間了。

　　但是，聰明的詹姆斯卻巧妙地運用了另外一種方法。他在孩子的房間轉了幾分鐘，仔細看了他們倆收藏的一些寶貝，並對他們的寶貝大加讚賞，而且沒有表現出半點的不滿之色。然後，他在房間的火爐旁坐了下來，讓他們倆坐在自己的腿上，開始和他們聊天。安手中拿著一本書冊，其中一些書頁已經脫落了，一些書頁還有折角。詹姆斯說：「現在，沃爾特，我將給你一些建議，關於你以後上大學的時候應該怎樣做。過了不多久，你就會長大，成為一個年輕人，還要進入大學讀書。」一想到要上大學，沃爾特的想像之門

一下子便打開了，心中也感到無比愉悅 —— 這讓沃爾特的心一下子進入了一種「接納狀態」，是一種心甘情願的接受狀態。在這種狀態下，詹姆斯開始向他們提一些建議。

詹姆斯描繪了一幅沃爾特離開家裡去上大學時的歡樂情景。他在講述的過程中對許多細節都進行了形象逼真地描述。因此，沃爾特的想像不斷得到愉悅的刺激。最後，他講到了沃爾特在大學期間所居住的房間以及他在房間中的擺設。然後，詹姆斯告訴他們，不同的學生都是如何整理並收拾他們各自的房間的。

他們中的一些人擺放東西很不整齊，一切都顯得雜亂無章。所以，他們在大學裡住的房間讓人感受不到一絲樂趣，更沒有家的感覺。但是，另外一些人卻總是把他們的房間打理得井井有條，所有的東西都擺放得十分整齊，並且能夠長期保持。這樣，每個人進入他們的房間以後，都馬上有一種耳目一新的感覺。

「書架上的書本擺放得那麼有序，規格差不多的書都被擺在了一起。安，妳現在走到妳的書架，把中間那個書架上的書擺一下，給沃爾特做一個示範。」詹姆斯說。

安從詹姆斯的腿上跳下來，按照他的指示擺放好了書本。當她整理完第一個書架，正準備去整理另外一個書架時，詹姆斯告訴她不需要再去整理另外一個。「如果妳樂意，可以其他時間再去整理。現在回到我這裡來。聽我把建議講完。」他接著說：「我建議妳要保持書架的整齊有序。同樣的，妳也要把其他一些東西以及櫃子裡的東西整理好。因為，當妳上大學以後，妳可能要寫哲學方面的論文，或是在櫃子裡收藏許多標本，而不再是玩具。所以，如果妳有那些東西，我建議妳把他們擺放在很好的位置。」

講到這裡，詹姆斯把椅子挪了一下，這樣他的弟弟妹妹就能夠直接看到在櫃子裡的玩具。沃爾特從他哥哥的大腿上下來，跑到了房間的另外一邊，急急忙忙地收拾那些玩具。

詹姆斯說：「是的，這樣做就對了。當你上大學的時候，你就會知道如何整理好你的學習用品和你的櫃子。你可以在房間把玩具放好，不過現在你還小，隨心所欲地擺放也沒有關係。現在還是回到我這裡來吧，聽我把這個建議說完。」

於是，沃爾特回到他的身旁，又在詹姆斯的大腿上坐下。

詹姆斯接著說：「當你上大學的時候，我建議你好好地保存你的書本。當你使用它的時候，看見你的書本乾淨、整潔，自然就會感到心情舒暢。還有，你可以把你在大學用的書本留下來。這樣，當你離開大學的時候，你就可以長期保存這些書本，因為它們是你大學生活的見證。如果你能夠有序地整理這些書本，它們就會在你以後的生活中占據相對重要的位置。

聽到這裡，安打開了她手上的那本書，開始把一些折頁的褶角展開並壓平。

總之，在孩子的想像之中，透過簡單的時空變換，詹姆斯給孩子們的建議便具有了實際的可操作性。孩子們完全不會有詹姆斯其實是針對他們的行為而採取一些措施對他們進行糾錯的感覺。這不僅容易得到孩子們的認可，而且也會獲得他們內心真誠的歡迎。

只要人們仔細閱讀並清楚明白這裡所要闡述的原理，就會有足夠的能力去利用這些原理。父母們將會發現，這種糾錯措施的形式可以是千變萬化的。這可以使孩子認同長輩給他們的建議與教誨。但是，如果大人們用直白、直接的方式來對孩子進行糾錯，那麼只能是一無所獲。

然而，有些父母看到這裡，會在沒有經過深刻思考、沒有真正領悟上面例子所表達的原理的情況下 —— 單純地將上述

例子作為一個行動範例，時時處處都照搬這個方法。不過即便如此，也足以在不同的場合下靈活的運用這個方法。這些父母可能會說：「嗯，那的確是個好方法。當詹姆斯去他們家時，他所講的話孩子們聽得津津有味。但是，我們不能奢望這樣的一場對話就能使孩子產生持久或是永久性的印象。這更可能只對孩子養成這種遵守秩序的習慣產生一些有益的影響。」

這種說法確實有其合理之處，我們努力地想在孩子的腦海中形成一種「線與線，面與面」的思維方式。我們也知道，詹姆斯所說的一席話，充其量不過是其中的一條線而已。單憑這一條線是不可能達到目標的，但這的確是有益的嘗試。我們不能奢望詹姆斯對孩子說完這番話、上完這堂課以後，就能夠使父母一勞永逸。這樣的想法是很不現實的，正如一滴水不可能使植物完成整個生長過程，而且還要結出豔麗的花朵和沉甸甸的果實一樣。

但是，在日常生活中，父母還是可以嘗試著把自己對孩子的建議和教誨透過一些幻想性的包裝來進行。比如，假如要去旅行，父母可以建議孩子應該怎樣做，不應該怎樣做；假如要去農村朋友的家裡做客，父母可以告訴孩子應該怎樣做，不該怎樣做。那麼，假設孩子受僱於一位農民，幫助他做農務的時候，假設孩子成為一位職員、掌舵的船長、或是戰場上的指揮官的時候，父母又會給孩子什麼建議呢？再如，假設有一個女孩，當她要去歐洲旅行的時候，她應該怎樣避免危險以及哪些不受歡迎的舉動呢？假設當一位年輕女士在野餐、遠行，或是在參加音樂會、派對的時候……這些情形還有很多，而且

孩子們想像起來會覺得十分有趣。只要母親擁有足夠的能力與技巧，她就可以把這些建議一一列舉出來，最後，生動地描繪一些有趣的事件與細節。這樣，母親就會發現自己已經打開了為孩子的心靈修築健全道德原則的大門。這種方法對她與孩子來說都是很有益的。當孩子生病的時候，我們可以不去理會孩子吃的藥是苦是甜，但是對孩子進行道德教育的時候卻不是如此。有時候，我們對孩子的道德錯誤進行糾正時能否取得功效，就在於孩子是否願意敞開心扉去接受它。如果我們對孩子用的糾錯方式令他們反感，結果只會抵消所取得的效果。而這正是我們在本章的闡述中所要竭力避免的。

【家教實例 II】—德拉與玩具娃娃的故事

　　暫時對孩子擁有教育權利的人很有可能也會讀到這本書，他們對孩子沒有絕對的權威，同時也沒有任何權利讓孩子遵守自己的命令。但正如在前面我們所講的大哥哥、大姐姐那樣，對他們來說，讓孩子養成順從自己的習慣，或是對他們產生積極的影響，採用間接的教育手法就會十分有效。下面我們要用德拉的例子，向大家講述如何利用孩子喜歡的玩具娃娃來作為媒介進行教育，有些人可能會對這種方法感興趣。

　　德拉有個妹妹名叫瑪利亞，有一個表妹名叫珍妮。珍妮常常到瑪利亞家裡去，當她們倆在一起時，常常會跟手中的娃娃玩上大半天。除了不停地給它們穿衣服、脫衣服之外，有時在遠足與去別人家裡的時候，都要帶著這些娃娃。她們還會跟這些玩具娃娃談論很多事情。有時，她們甚至會像個大人似的，給予玩具娃娃很多有價值的資訊和教育。

　　現在，德拉想方設法地透過這些娃娃來獲得對孩子心靈的影響和控制。在這個時候，她馬上想到了孩子對待娃娃的態度，就如同對真人的態度一樣。有時，在其他的孩子面前，她們經常會用一種很認真的態度跟娃娃談話。她們這樣做，不僅讓自己感到高興，而且還為德拉提供了一個機會，她可以利用這些娃娃作為媒介，向孩子灌輸許多有價值的資訊。這樣，在潛移默化之中，德拉能夠對孩子產生積極持久的影響。

　　例如，當珍妮去瑪利亞家裡時，兩個孩子就會跑到瑪利亞的房間去玩。她們手裡拿著娃娃，用和真人說話的態度去跟娃娃說話。她們會把它們慢慢地放在膝蓋上，然後用整個下午的時間對娃娃進行觀察，然後，她們就對娃娃的表現發表意見。如果德拉嘗試著用同樣的手法有計畫地對她們訓話，她們很可能就會馬上變得煩躁與不滿，而且收效甚微。但如果是對娃娃訓話，她們就會充滿興趣、津津有味地聽下去。毫無疑問，這樣的方式，相比於之前那種直白的方式，會收到更明顯的效果。為了說明這次談話的內容，我在這

裡詳細地講一下。

德拉說：「我的孩子，妳怎樣了？我很高興見到妳。妳來到了安德拉這裡（安德拉是珍妮的娃娃的名字）。妳是多麼的漂亮啊。妳玩得很開心。我肯定妳們倆從來都不會吵架的。我看到，當你倆都想要同一件東西的時候，不會發生爭吵，而是會為另一方忍讓。等到別人用完了，自己才去用。我覺得妳是一位很乖的女孩子，難得的是，妳的年齡又是最小的。」

然後，她轉向珍妮。她換了一種語調問：「珍妮，她是不是一個很乖的女孩子？」

「是的，她是一個很乖的女孩子。但是，她最近生病了。」

「啊！」德拉的語氣充滿了擔憂，她再次望著安德拉。「我聽說妳病了。妳是被『鬼怪之光』襲擊了嗎。妳的臉色很不好，妳一定要好好保重自己啊。如果妳不舒服，妳就必須讓妳的媽媽帶妳找我。我會拿一些藥水給妳喝。我知道當妳生病的時候，妳總會像一個小英雄那樣勇敢地服藥，而不會給我們增添什麼麻煩。」

德拉把一個小藥瓶放在桌上，假裝要為娃娃餵藥。瑪利亞與珍妮在娃娃生病的時候，非常樂意讓德拉給它們治病，特別是德拉每次都要求她們先嘗一小勺，好給娃娃們做一個榜樣。

有時，德拉會讓孩子們把小藥瓶帶來，防止娃娃突然生病。但在有些時候，娃娃的病情「惡化」。身為「母親」，必須不斷地「試藥」，來鼓勵自己生病的孩子「服藥」。這個小藥瓶很快就被「服光了」。德拉便常常在藥瓶中裝滿水，然後再用湯勺從糖碗裡把一些糖精粉末倒入瓶子。只需要搖勻一下，這「藥」就準備好了。

德拉不僅利用娃娃作為教育的直接手法，有時還將其作為教誨小孩子的間接方式。

例如，在某一天，孩子們在陽臺上玩積木和其他玩具，盡興以後，她們就回到房間裡去了，而把一堆玩具落在陽臺上，全然忘記

把玩具收好。她們又開始在客廳裡玩她們的娃娃了。

德拉來到客廳，裝出一副神祕兮兮的樣子，走到孩子旁邊，低下頭輕輕地對她們說：「把安德拉與羅莎莉（羅莎莉是瑪利亞的娃娃的名字）留在這裡吧。我想妳們跟我來。這是一個祕密。我不想讓它們知道。」

講完之後，德拉躡手躡腳地走出客廳，兩個孩子緊跟著走了出來，一直來到了陽臺。

「就是這裡！」德拉指著那些玩具。「看！妳們的玩具都還留在這裡呢。在安德拉與羅莎莉看到它們之前，妳們快點把這些玩具收拾好。我不想讓它們知道，自己的媽媽沒有好好照顧這些玩具。如果它們知道了這件事，它們就會認為自己也可以這樣做。到那時，妳們就會遇到許多麻煩了。我相信，妳們一定會告訴它們，每次玩過之後，一定要把玩具收好。妳們必須要為它們做出一個好榜樣。所以，快點把這些玩具收好。我保證不會跟它們講這件事。」

這樣，孩子們手腳勤快地把這些玩具收好了。我們可以看到，用這樣的方法處理這件事是很有效的。因為，這種方法能夠避免在對孩子進行直接斥責與說教的時候使孩子產生不悅之情。

平時，我們對孩子的指責會讓他們感到悶悶不樂。但是，這種方法卻不會讓他們感到一點的不開心，反而會使他們覺得很有趣、很快樂。如果你能夠用這樣的方法使每個孩子都懷著一種快樂的心情去改正自己的錯誤，對父母和孩子來說，這無疑都是一個福音。

在適當的時候，父母以相同的理念來執行這種教育方法，就能像德拉一樣成功樹立對孩子的權威。同時，孩子也會很樂意聽從父母的話。反之，如果一味地去直接糾正孩子的錯誤，

第08章　教孩子聽話的第三種方法：了解孩子

或是將父母對孩子應有的認同感完全忽略掉，那麼這兩種做法與前面的做法相比較，簡直差了十萬八千里。

第 09 章
情感共鳴導致的認同感：
孩子之於父母

對於父母與孩子兩者之間的情感共鳴，我們可以從兩個方面來看：首先，是孩子對父母給予自己的情感產生共鳴和認同感；另一方面，則是父母對孩子對自己的情感產生共鳴並表示理解。一方面，是孩子在父母的身旁受到他們言傳身教的影響所喚起的一種情感；另一方面則是因為孩子的存在所喚起的父母的一種情感。大多數人都能從字面上了解共鳴這種情感的巨大影響力，但是，很少有人能夠確切地知道這種力量到底有多大，以及這些力量是如何不知不覺地對人類性格與舉止規範產生影響的。

情感共鳴的力量

無論在本質上，還是在表現方式上，情感上的共鳴都充滿了一種神祕的色彩。比如說凝視是一種最簡單卻又最具震撼力的方式。為什麼我們凝視某人，甚至只要閃過這個念頭，就會使另外一個人的神經系統以及肌肉組織產生相同的行為趨勢？而當我們嘗試透過眼睛、大腦及思想去追尋這一互相連結的鏈條時，卻會變得茫然無措？

很明顯，人們的心理因素會受到一種相同或類似的方式的影響。當我們與那些有趣、快樂或是憂傷的人在一起的時候，會讓我們感到有趣、快樂或是憂傷，至少會有這樣一種趨勢——儘管我們還不清楚為什麼感到這樣一種情感。一個快樂、活潑的人則可以讓他所進入的那個小空間頓時變得生機盎然；但是，一個悶悶不樂、憂鬱的人則會讓大家產生一種同樣

消極的情緒反應。無論走到哪裡，具有雄辯之才的人與我們進行私人談話時，並不會怎樣打動我們；但在大庭廣眾、人頭攢動的地方，我們的熱情將會被提升到一個很高的狀態 —— 儘管他的演講詞、手勢或是聲調以及我們耳朵所能聽到的東西和與我們進行私人交談時基本一致。所以，當我們在自家的火爐旁讀到一個笑話的時候，可能只會一笑置之。而當我們在人數眾多的劇院裡聽到它時，卻能引起共鳴，因為這種歡樂被多數人共用了。

這種還不為我們所熟知的情感，確實發揮了作用。因為一個人的情感不僅可以傳達給另外一個人，而且在這種傳達的過程中會得到增加與強化。雙方都不會覺得對方所能感覺到的只是單純的熱情或愉悅。但在許多人共用的情況下，這種共同的情感被大大地提升了。這就好比燃燒的炭在與未燃燒的炭接觸時，可以讓未燃燒的炭燃燒起來，當把它們放在一起時，往往比分開時燃燒得更為猛烈。

可以證實情感共鳴具有強大力量的事例有很多，無論從深度還是從廣度上，在對性格的形成、人類對自身觀點的了解或是對於規範人類正常的思想與情感的影響上，不管我們怎麼誇大情感共鳴的作用，都不為過。

人類觀念的形成，並不是像許多人所想像的那樣，大多數情況下是靠人們相互之間的爭論或說教形成的。恰恰相反，這種觀念是從與他們喜歡的人及愛他們的人的情感共鳴中產生的。當人們達到了成熟的年齡，無論是在宗教上還是政治上，都會堅守一種忠誠。這種忠誠源於對他們所愛的人產生的一種

認同感。人們之所以會相信一套體系或是制度，並不是因為它已經得到了事實證明，而是由於他們所愛的人都相信它。誠然，在他們年輕的時候，會時常對宗教教育產生疑問，偶爾他們還會在相關的政治議題上進行針鋒相對的爭論。但千萬不要錯誤地認為，這裡所談到的爭論會在他們的腦海中形成屬於自己的一套合乎邏輯的觀念。這種爭論從某種角度來說，是沒有任何實際意義的。在英國，一個男孩長大之後屬於托利黨還是輝格黨，幾乎取決於他的父親、哥哥、叔叔屬於哪個黨派。他自己也可能對大人們的想法產生懷疑。但是，能夠讓他死心塌地地追隨某一個政黨的原因，並不是大人們所給出的論據，也不是大人們有其他的方法讓男孩子們信服，而是他們在與大人的情感共鳴中產生了一種認同感。如果一位受人歡迎的男孩，在同伴中同樣受到擁戴。那麼他屬於哪個黨派，比起那些最具邏輯性或是綜合性的說教來，更能使其他孩子產生追隨那個政黨的意願。

有一句很有名的諺語：言傳不如身教。這也從另一個角度表現了由情感共鳴導致的認同感所擁有的巨大的力量。因此，在觀察者眼中，當別人出於情感共鳴產生認同感而對他們所愛之人模仿時，這種感情的影響就會彰顯出來。所以，言傳不如身教這句話更清楚地表明了一個道理：在人類的心靈中，透過情感共鳴使他人產生認同感比說教產生的影響要大得多。

從情感共鳴中產生的認同感在兒童時期的作用

在人生的每個階段，情感共鳴都是具有重要影響的，不過其真正的巔峰時期卻在兒童時期。兒童會自發地讓他們的思想和情感與他愛的那些人保持一致。因此，他們會不斷地重複這些人的行為。這一情感的作用及其普遍性說明了其蘊涵的力量是多麼的持久與巨大。所以，一位成功的母親應該在孩子性格形成階段給予其幫助，使孩子懂得要尊重與熱愛母親，然後，母親只要讓孩子模仿她的言行就足夠了。

要讓孩子尊敬父母，對父母充滿愛意，他們就必須透過堅定的教育來實現這一目的。同時，在一些無傷大雅的範圍之內，不要給孩子設置過多的限制。

【家教實例】─學會關愛

由情感共鳴產生的認同感除了能夠對孩子的心智發展產生重要作用之外，在很多場合中，只要父母明白這一情感所蘊涵的巨大的、神奇的力量，便可以利用這一方法取得一些特別的效果。我們舉一兩個例子就可以闡明這一點。

威廉今年九歲。他的阿姨 ── 瑪利亞，來到村莊看望他的媽媽。在這一天，威廉與阿姨一起散步。當他們在路上走的時候，看見前面不遠處有兩個小男孩在路邊放風箏，其中一個男孩站在路的中間，正為自己無法理清那纏繞的線而苦惱不已。

「快把你的風箏拿開，讓我們過去。」當威廉與阿姨走到這個孩子旁邊時，他大聲嚷道。

那個男孩讓開了路，但他放風箏的線卻纏在了一棵大樹的枝丫上。

威廉與瑪利亞繼續向前走。

瑪利亞可以借此機會對威廉進行柔和而又友好的教育。她可以對威廉說，對待那些身處困境、麻煩以及疑惑的人，不管他們是老是幼，都應該表示自己的關切和友愛之情。向別人施予援助之手會讓我們覺得更加快樂。而威廉是否聽阿姨的話，在很大程度上要取決於他當時的心情了。但在大多數情況下，在這個時候給予的建議，實質上都是包含著對孩子的輕微指責。這會讓孩子的內心有所抗拒，就像一株含羞草一樣，你輕輕一碰，它就會馬上縮回去。威廉可能會淡淡地說：「但是，他們在路上也只是無所事事而已。」

威廉與他的阿姨走了幾步之後，阿姨停下了腳步，略帶猶豫地說：「你還是回去幫那個男孩理清他的線吧。他只是一個小孩而已，而且並不像你那樣對風箏和風箏線有足夠的了解。」

在這裡，瑪利亞採用了一種讚美而不是責備的語氣，來讓威廉幫助那個遇到困難和煩惱的男孩。

「好的，那我們幫他去吧。」威廉爽快地說。

走了幾步後，瑪利亞說：「我想你並不需要我幫你，你自己就可以幫助那個小孩。我在這裡等你回來。但是，如果你需要的話，我會過去幫你的。」

「好的，我自己一個人就行了。」

於是，威廉腳步輕快地走到那個男孩身邊，很快就幫他將那些纏繞的線理順了，然後愉悅地回到阿姨身邊，繼續前行。

散步結束，走到家門口時，瑪利亞才又提起這件事。她說：「跟你一起散步很愉快。你十分照顧我。我很高興你能夠幫助那個男孩理清他的線。」

「我也是。」威廉說。

在上面，威廉粗聲粗氣地跟那個男孩講話是不對的。至少他缺乏那種看到別人面臨困難時應有的同情心，這也是不對的。而且，瑪利亞的這種教育方法實際上掩蓋了威廉所犯的錯誤。正確的做法是應該毫不含糊地跟威廉說清楚這一點。以上所說的這些是很多人看完上面那個故事以後所產生的想法。但是，當我們站在威廉自身的角度時就會發現，他在整件事情上並沒有做錯什麼。這一類的事情其實是很複雜的，對於這件事所帶來的影響及其相互之間的連繫，站在不同的角度，每個人都會有不同的看法。即便是一個成年人，也不見得能看清楚一件事情的全貌。而對於一個小孩子來說，我們就更不能苛求他了。在我們審視孩子對自己行為的判斷上，應該要考慮到孩子本人在心裡對此產生的看法。

在這個例子裡，威廉腦子裡想到的只是他的阿姨。他想讓阿姨在散步的過程中更快樂。而當時在路上的那個理線的男孩就成了他們前進的「障礙」。他要求那個男孩走開，只是為了表達對阿姨的關心而已。自己不友好的態度會讓別人感到厭煩，而給予別人幫助則會減少別人的痛苦，對於這一理念威廉還沒有足夠的感知能力，在他的腦海中甚至完全不存在這樣的概念。用一種「後知後覺」的心態來看，我們說他應該想到這一點。但是，別忘了，對一個幼小的心靈來說，他的發育程度仍不完善，在處理一件事情的時候，採取不同的措施會產生不同的結果，他還沒有形成這種即時的認知能力。只有經歷了長期的社會生活，我們才會懂得如何去考慮一件事情的方方面面，才能意識到：即使是相同的一種行為，如果執行的方向不同，產生的後果就會完全不一樣。孩子的心智還沒有完全發育成熟，無法對事情的後果有自發性的認知，但我們卻常常因此

而責怪他們，這樣做是有失公允的。因此，有很多人把這種行為稱做是對孩子的一種漫不經心的放縱，而這可憐的小朋友卻要因此常常受到大人們的責怪。

比如一個小女孩拿著水罐去幫姐姐澆花。她一心想著要把自己的這個工作做好。於是，她把水罐裝得滿滿的，走路時她不小心把桌上的一些書本弄溼了。其實，對這一結果的解釋很簡單：小女孩的心裡只想著如何幫姐姐澆花，而沒有想到裝滿水的水罐有可能會濺出水來。她幼小的心靈還不足以讓她作這樣周密的思考。我們若要求她在做事情時一定要想到事情的兩個方面，這就好比我們要讓她在短時間內長大一些，這聽起來是相當滑稽的。

▍孩子為什麼會恐懼

對孩子來說，在接納別人的觀點或情感的時候，由情感共鳴產生的認同感能夠產生巨大的作用。這不僅展現在教育他們分辨是非的原則上，而且還展現在一些普通的觀點和情感中。孩子會對打雷、晚上破門而入的偷竊者或是鬼怪產生恐懼心理，這是因為他們認為自己的父母、哥哥或是姐姐同樣會感到害怕。孩子常常從家裡的用人或是從其他朋友的口中知道鬼怪是一種令人恐懼的事物。但是當父母並不相信這些鬼怪時，他們也就不會害怕這些了。他們看到父母的價值取向以後，就會有樣學樣。孩子在和學校同學交往的過程中，會逐漸形成屬於自己的品味、觀念及思維方式，這些都不是透過爭論或是說

教獲得的，而是源自一種情感共鳴的認同感。同樣，孩子所習得的大部分錯誤、愚蠢的觀點，也並不是因為錯誤的說教形成的，而是源自對他所愛的人產生了認同感而形成的，這就好像一種會傳染的疾病。而在大多數情況下，其基本的補救方法並不是透過說教，而是讓孩子產生另一種積極與之共鳴並接受、認同的情感來抵消這些壞的影響。

珍妮對哥哥帶回家的一隻小貓咪感到非常害怕。以前，她看到過一張圖片，在圖片上，畫有老虎及其他森林肉食動物吞噬人類的場景。對此，她感到深深地恐懼。可能在同時，她還聽說有的孩子被貓咪抓傷了。所以，當小貓咪被帶回家，在地板上走來走去時，珍妮內心充滿了恐懼，急忙跑到姐姐身旁，大哭了起來。此時，如果珍妮的姐姐嘗試著向她解釋小貓咪與森林裡其他的野生動物的區別；或是保證世界上有成千上萬的小孩子都喜歡跟小貓咪一起玩耍，只要人類對牠們友好的話，牠們就絕不會抓傷人類。姐姐的說辭，是不會使珍妮的恐懼心理發生太大的轉變的。

但在這個時候，珍妮的姐姐採取了不同的方法。她把珍妮抱在懷裡，在她的情緒穩定下來以後，便開始與小貓咪說話。

「讓人憐愛的小貓咪。我很高興你能來到我們這裡。我相信，如果人們好好地對你，你是不會抓傷任何人的，對嗎？珍妮會餵給你一些牛奶。她和我一樣都喜歡看你用小舌頭舔牛奶的情景。過幾天，我們會給你一顆球，你可以在地毯上好好玩。珍妮，看到了沒有？牠現在正躺在地毯上呢。牠對於自己能夠來到這麼好的房子而感到開心。現在，牠沒有枕頭，所

以只能在睡覺的時候把頭垂下來。你想要幫牠做一個枕頭嗎？
小貓咪，過幾天，珍妮就會做一個小枕頭給你。如果你喜歡，
她一定會做的。珍妮現在在學習縫紉，她會為你做一個全新的
枕頭，在枕頭裡面塞滿木棉。到那時，我們就可以看你擁有枕
頭，在地毯上安穩地睡覺了。」

　　這樣一場談話過後，儘管還是無法完全打消珍妮心中的恐
懼，但如果與對珍妮進行的任何形式的說教相比，這對於改變
珍妮的看法無疑會取得更為積極的效果。

　　父母們只要想一下利用這種情感對孩子進行教育的結果，
就會馬上回想起之前自己採取類似的方法對孩子心靈所產生的
影響。如果母親能夠務實、系統地嘗試這種方法，就會發現，
自己已經掌握了一條對孩子的樹立權威的新途徑 —— 至少，
這是一條可以讓她更加輕鬆地實現自己目標的新途徑。而對孩
子來說，這也是讓他們感到愉悅的途徑。

第 10 章
情感共鳴導致的認同感：
父母之於孩子

毫無疑問，想要獲得孩子的信任和愛，想要有效地管教他們，最有效的辦法就是分享和理解他們的希望、歡樂、恐懼、悲傷。不管他們所持的觀點、幻想抑或是天馬行空的想像有多麼的幼稚，不管這些事情是否與責任有關，都應該這麼做。在和孩子交往的過程中，我們要盡量使自己帶點孩子氣，與他們更親近一些。這樣，我們就可以更容易地走進他們的心靈，與他們建立起更為親密、友好的關係。

▌蹲下來，與孩子分享快樂

一位紳士想在一個陌生的小鎮上居住。他想，如果自己能夠與街上的小孩子友好相處的話，就會方便許多。他可以採用很多不同的方法來達到這個目的，例如下面這個最簡單、最容易實現的辦法。有一天，他準備去村莊。在街上看到兩個小男孩正在玩騎馬的遊戲。一個男孩扮馬，另一個男孩扮馬夫。當他們走近這位紳士的時候，還刻意地排練了一下。這位紳士停下腳步，面帶微笑看著他們，然後用很嚴肅的語氣對那位「馬夫」說：「你騎的可是一匹『千里馬』啊！你願意把牠賣給我嗎？牠看起來精神抖擻。」聽到這位紳士的話後，那匹「馬」開始神氣十足地在街上跳來跳去。「你需要一個很高價錢啊。你必須要好好養牠，多餵牠吃一些麥片。在天熱的時候，不要讓牠過於勞累。如果你決定賣掉牠，我希望能讓我知道。」

說完之後，這位紳士就離開了。這匹「馬」以及「馬夫」繼續精神煥發地在街上「馳騁」。

這位紳士只不過對這兩個正在玩耍的男孩表現出了一種同齡人才具有的夥伴情感。他這樣做，不僅使孩子玩耍的時候增加了樂趣，而且也讓他們建立起了友好的關係。紳士並沒有做任何事情去增強或是維繫它，但這種關係還是會維持一段很長的時間。即使在接下來的幾個月裡，他與這兩位男孩都沒有碰面，在日後見面的時候，男孩們還是會用微笑來向他打招呼。

從這個例子可以看出，這位紳士不管用什麼禮物都不太可能立即與孩子形成那樣友好的關係。除非，這些「禮物」能夠表現一種友好的情感，或是具有類似的作用 —— 也就是說，對孩子採取一種在情感上產生共鳴的攻勢。

如果一位叔叔對他的侄子、侄女所關心的事情毫無興趣，即使他送他們禮物，無論這些禮物多麼昂貴、多麼漂亮，叔叔也很難和侄子、侄女形成一種親密的私人情感。孩子喜歡他的叔叔，就如同喜歡那棵會結出蘋果的蘋果樹、那頭給他們提供牛奶的奶牛一樣。這還不如他們對那隻與他們一起玩耍、一起分享快樂的貓咪所具有的感情，甚至連他們的玩具娃娃帶給他們的情感也不如。

走進屬於孩子的世界

蘇菲羅尼亞小姐去拜訪一戶人家，在這個家裡，一個七八歲的女孩正在地板上玩耍。過了一會，趁著談話的間歇，她把這個女孩稱為「我的小女孩」，並叫她到自己的身邊來。這樣的稱呼使小女孩意識到自己的「小」，因此而頓感不快。但她

猶豫了一下之後，還是來到這位小姐的面前。媽媽說：「親愛的，快點與這位女士握手啊。」女孩很不情願地和蘇菲羅尼亞握了握手。蘇菲羅尼亞小姐問了小女孩的名字、今年幾歲了、上學了沒有、在學校學到了什麼東西、是否喜歡上學等老套的問題。最後，終於放她離開，但實際上，小女孩恨不得馬上從這位在她看起來「惱人」的來訪者的身邊走開，重新回到玩耍之中。後來，她對這位來訪者形成了屬於自己的一套看法，那就是，這位只跟她談論課程及學校的女士，並不是可以與之交往的人。

蘇菲羅尼亞小姐走了以後，奧麗莉亞女士來了。與小女孩的母親短暫地寒暄了幾分鐘之後，奧麗莉亞回過頭來，望著正在玩積木遊戲的小女孩，臉上掛著一種欣賞的表情。她問小女孩是否有玩具娃娃。小女孩馬上說自己有四個。奧麗莉亞女士問她最喜歡哪一個，並且希望能夠看看這些娃娃。小女孩十分高興，馬上跑去房間，然後手中抱著四個娃娃興沖沖地走了出來。奧麗莉亞女士把這些娃娃放在手裡，端詳了半天，不時地和它們講話、談論著。最後，小女孩自己又回到了玩耍之中。但是，她會在心裡默默地想，自己又多了一個朋友。

所以，想要與孩子的心靈更加親近，我們就必須走進屬於他們的世界，而不是等待他們走進我們的世界，因為他們對此不僅毫無經驗，而且完全無法理解。只有這樣，我們才能擁有教育孩子的經驗。如果我們選擇走進他們的世界，就有機會接觸他們，這樣就可以讓自己與他們更為親近。

與孩子形成共鳴必須要憑藉真切的情感

在透過與孩子情感上的共鳴形成認同感時，想要取得成效，在情感上必須是真誠和懇切的，而不能擺出一副假惺惺的樣子。在我們的心中，要重新燃起一些兒時的觀念或想像——哪怕是暫時地，與他們在情感上盡量靠攏。只有這樣，在與孩子一起說話或是做事時，才能表現出一種真實的興趣、思想和感情，而不是偽裝、扮演出來的。孩子在辨別這種情感的時候，好像具有一種天生的本能，他們能夠準確地區分出別人在分享他們的情感與思想時所表現出的情感是真還是假。那些一味假裝的人，無論偽裝得多麼好，在孩子眼中都會露餡。

一些母親可能會說，自己沒有足夠的時間去充分了解孩子的觀點、興趣。事實上，他們都在為生活中其他的重要事情或是一些爭奪名利的事務而奔波忙碌。但是，走進孩子的世界，其實並不需要多少時間。而且，實際上，這個問題與時間的關係並不大，關鍵是用一種什麼樣的方式來對待孩子。

比如，一位農夫的妻子正忙著燙衣服、縫紉或是為她飢腸轆轆的丈夫和孩子準備午餐。十歲大的小女兒來到母親的面前，向她展示自己用印花布為玩具娃娃做的圍巾。這位正在忙活的母親可能會馬上脫口而出：「我知道了，但是先走開，我很忙。」這種回答不需要經過大腦的思考，母親很輕易就會脫口而出。但是，同樣還有一句話可以很容易地脫口而出：「多麼漂亮的一條圍巾啊！妳先去玩吧。妳可以帶玩具娃娃美樂蒂

到外面玩玩。」母親的第一種回答會使小女孩在離開的時候，感到有點鬱悶與不滿；而第二種回答則能使她感到很高興。更為重要的是，這樣做更容易在母親與孩子的心中形成一種連繫及情感共鳴的紐帶。

　　一位商人可能整天忙於商務，他在晚飯的時候回到家裡，見到自己十五歲的孩子從學校回家。他們在上樓梯相遇時，父親說：「詹姆斯，我希望你在學校是個好孩子。」父親這樣一說，讓詹姆斯一下子不知道如何應答，他只能支支吾吾地搪塞過去。父親接著說，希望他能夠在學業上更加勤奮、專心，同時要善於利用時間。因為他日後的成功取決於他在年輕時能否有效地利用時間。訓話結束後，父子二人便各自回房間去了。

　　父親這些教誨的出發點是好的。在這種情形下，父親給予的建議會取得一些好的效果。但是，這並不會讓父子倆的情感變得更加親近。但是，如果父親沒有給兒子這些帶有陳詞濫調意味的建議，而是採取以下的對話方式，那麼效果就會好一些。假如當時是冬天，父親對兒子說：「詹姆斯，現在，在年輕人中間什麼款式的溜冰鞋最流行？」在得到詹姆斯的回答之後，他問詹姆斯自己對此的想法，以及他是否能在一個較短的時間內取得很大的進步。同時，父親還問到了這些溜冰鞋的專利發明所帶來的影響之類的問題。父子倆這樣的對話，相比於上面的對話，同樣是十分簡短。但卻會讓父子倆的關係更加親密。即便站在道德的層面上，這種對話所產生的間接影響也是更為有益的。儘管我們沒有對孩子進行任何的道德說教或是教誨，而這種思想上的交流所產生的作用卻會在孩子的心靈中占

據牢固的位置。這樣做有助於強化父子倆的感情紐帶，會使男孩更容易接受父親的建議和忠告。

人們千萬不要對此產生誤解，以為在對這些例子進行講解時，父母是想在孩子的心中留下這樣的印象：他們已經放棄了之前樹立起來的權威，而是用跟孩子談論滑冰鞋這樣的事情來取而代之！在這裡的講解只不過是為了說明這兩種不同的談話方式能夠產生不同的結果。身為父親，如果他想在孩子的心中贏得或是保持對孩子的影響，那麼在有些時候，就必須要放下身段，走進孩子的世界。在孩子的世界裡，有他們所關心的事情。我們不是一個旁觀者或是找察者，而應該作為一位分享者。

適應孩子的觀點

對於孩子獲得的樂趣，父母應該理解並盡量去與孩子分享，達到一種情感上的共鳴。無論這些樂趣在父母眼中顯得多麼幼稚可笑，父母都不應該漠然視之。因為，在建立對小孩權威的所有方法中，這也算是最為有效的途徑之一。這種方法不僅可以讓父母不去干涉孩子的計畫與思想，而且也能夠讓孩子自得其樂。至於他們在學業上應該承擔的責任，或是必須嚴肅對待的日後職業選擇、對長輩的順從等問題，他們的思想與行動則必須要與父母的要求相一致。在這些關係到原則的事情上，他們必須要服從父母，而不是讓父母遷就他們。對於一些無關緊要的玩耍，或是孩子特有的消遣娛樂方式，對於自己周

圍陌生事物的有益探索及發現各種新奇事物等 —— 所有這些方面，則不能強迫孩子遵守父母定下的法則，最好是順從他們的意願。在這些事情上，父母越是讓他們充分地享受自由，就越是能夠收到更好的效果。

　　總之，如果父母想要進入他們的世界，就必須要讓自己的思想和觀點適應他們。

▍孩子的「傻瓜式恐懼」

　　父母對孩子的一些行為和思想產生共鳴和認同，就會贏得他們的信任及對自己的愛。而對於孩子所做的原本不認為會得到同情、理解的事情 —— 特別是對於那些原本會受到大人責罵的事情，如果父母能夠表示出一種認同感，那麼收效就會更好。也許，最具說服力的例子就是我們常常談到的「傻瓜式恐懼」。這種恐懼可以真的帶有一種傻瓜的味道，也可以不是。這並不只是說面對的事情是否真的存在危險，而是對此抱有疑問的人對這件事本身了解程度的深淺。

　　比如，一位女士走在一座大城市的一條人行道上，看見有工作人員正在將一個巨大而又沉重的鐵櫃緩緩吊起，鐵櫃在人行道上面大約七公尺的上空停住了。這位女士目睹了這一過程，她不敢從那下面經過。負責指揮這一操作的工作人員卻在這吊起的重物之下來去自如，而沒有一絲擔憂，臉上還帶著笑容，彷彿是在嘲笑這位女士的傻瓜式恐懼。而事實上，真正犯傻的人不是這位女士，可能就是這位沒有意識到其中存在著危

險的工作人員。因為工作人員知道他頭頂上機器的安全系數以及性能，而這位女士卻對此一無所知。她只知道，起重機在升高的過程中，如果缺乏足夠的謹慎，就有可能會發生意外。她無法知道，也無從知道在這次的操作中，工作人員是否做到了足夠的謹慎。所以，這位女士實際上是展現了其豐富的常識，而並非是所謂的「愚鈍」。所以，為了避免給自己帶來危險，她會選擇走另外一條路。

　　這個例子，其實對許多被稱為「傻瓜式恐懼」的例子做出了一個適當的解釋。如果我們從每個人所掌握的知識這個角度來看這個例子，這位女士的擔憂完全是合情合理的，不存在一點荒謬之處。

　　一位來自城市的十二歲女孩，暑假期間到農村去玩。她跨過了小河，希望能跟她的哥哥、弟弟們在一起。但是，在必經

的路上，她看到了在草地上啃草的羊，她被那些羊嚇壞了。當她來到親戚的家裡以後，家人都笑她很傻：「妳竟然會害怕一隻羊啊。」

　　但她為什麼不應該懼怕羊呢？她曾聽說有人被公牛的角撞傷，還有人會被羊角撞傷。所以在某些特定的情形下，她無法預知、估計危險存在的程度到底有多大。一位農夫的女兒嘲笑她，是因為她知道羊的脾氣。她曾經給羊擠過奶並且餵養過牠，還拴了羊上百次。所以對農夫的女兒來說，不敢穿越有羊吃草的田野的行為確實很傻。但是，對於一位來自城市的女孩，一位對羊一無所知的女孩來說卻是可以理解的。

　　即使農夫的女兒走上前去，對這位城市的女孩做出保證：羊的脾氣是多麼多麼的溫馴，從羊的身邊經過一點都不危險。這樣的保證也難以改變女孩的看法。因為她對這位農夫女兒的了解與對羊的了解是差不多的。同時，她也無法判斷別人所持的觀點和情感是否可靠：這隻羊可能並不像他們想像的那麼溫馴；也可能是那些盲目樂觀的人對羊的誤解而已，這些都是說不定的事情。還有，這隻羊可能對熟悉的人很溫馴，但是對於陌生人則可能採取攻擊行為。在這種情況下，一個孩子需要的是人們的同情與理解，而不是大人們的奚落與嘲笑。

　　在上面這個例子中，假如城市的女孩後來遇見了這位農夫的兒子。這位年輕人的名字叫約瑟夫，他是一位帥氣的年輕人，有著棕色的皮膚，穿著樸素的衣服。他是一位紳士，在平凡外表下卻擁有一顆成熟的心，過著從容的生活卻不見一絲的附庸風雅。當他看到神情躊躇的女孩時，他走到了她身邊。儘

管在家裡，家人每次都向她保證，走過羊的身邊不會有什麼危險，但她就是不敢走過去。「是的，」在聽到女孩對此事的說明之後，約瑟夫說，「妳是對的。羊有時會變得很凶。我知道這一點。妳對在農村遇到陌生的事物時刻保持警惕，這是完全合理的。但是，妳眼前看到的這隻羊恰好是一隻很溫馴的羊。我會陪妳一起走過這片田野。」

就這樣，他陪著她一起走過了這片田野。當走到羊的面前時，約瑟夫對著羊說了幾句話，並且從口袋裡拿出了一隻蘋果給羊吃。

這個年輕人正是憑著對這位小女孩的同情與理解的精神，最終幫她克服了恐懼。一般情況下，我們可以像他一樣，很好地處理孩子的恐懼或是他們腦中的一些胡思亂想。

當孩子犯了錯

孩子犯錯之後，父母應該給予他們足夠的同情與理解，這樣做是很有根據的。表面看來，父母是對孩子的錯誤給予同情與理解。從某一方面來看，事實的確如此，但是，從嚴格意義上來說，我們只是對孩子在不斷嘗試及在面對誘惑時所犯的錯表示同情，而不是對他們犯錯本身這種行為進行放縱和遷就。無論從哪個方面看，一個稍微完善的哲學分析就能讓我們明白這一點。不可否認的是，博愛主義者所做的最成功的工作，就是透過對那些犯罪者的心靈給予憐憫，達到教化的目的，而並不是讓犯罪者為自己的罪行感到悲傷或是痛苦。對於犯下罪行

的人在心靈上採取寬大仁慈的方法，不僅可以讓犯人正確意識到自己對同胞所犯下的罪行，也為他們誠心悔改打下了一個牢固的基礎。

對於犯了錯誤的孩子，這一方法也非常適用。當他們做錯事情時，需要大人們能夠給予一種善意、親切的同情與理解。母親對孩子表現出適當的同情與理解，對孩子而言，可能會產生比其他方法更為積極的影響。當然，給予孩子同情和理解必須要控制在適當的界限內。同時，又要配合正確的途徑。只有這樣，父母對犯錯的孩子所給予的同情與仁慈才不會被他們當成擋箭牌。

有一個男孩，滿腹牢騷地從學校回到家。有很多原因，比如他在學校受到了老師的懲罰。在這個時候，有些母親可能會說：「我不會同情你，你被老師懲罰是活該。」母親這種添油加醋的做法，不僅會使孩子幼小的心靈不斷地騷動，而且也不會讓他感到自己確實做錯了。他的心智尚未發育完善，不可能對複雜事情的各方面有著一種「這樣做可能會犯錯」的自發性認知。但是，老師和母親卻蠻橫地認為，孩子應該有這樣的能力。但是男孩的心智發育還不成熟，心靈無暇去思慮這些問題。此刻，他滿腦子都是老師帶給他的痛苦回憶，現在，連他的母親也參與進來，這使他心中的憤怒與怨恨互相交織地更為深重。在這個例子中，這位母親對此事的看法同樣是狹隘的。站在另一個角度看，她認為如果自己對犯錯的孩子表示出一種善意與同情的感情的話，就是「助紂為虐」，是在和孩子一起反抗那位老師的做法。所以，在現實生活中，很多母親可能會

做的都是牢牢地站在老師的一邊，幫著老師一起唸叨自己的孩子。

　　我們可以看到，在這種情況下，一位母親真正適宜的做法是：首先，要安慰和穩定住孩子憤怒的情緒。如果需要的話，還要傾聽他對整個事情的講述。在這期間，不要反駁孩子的話，無論在心底是多麼不同意孩子的觀點。因為，當孩子內心激動時，他很容易就會對事情產生一種盲目、扭曲的看法，錯誤地去理解整個事實。所以，在孩子講述整件事的過程中，母親所要做的只是耐心地傾聽。母親沒有必要對孩子所說的事情進行是非曲直的判斷。一方願意對事情的傾聽並不會使另一方因此而得利；相反，這是父母對事實有一個不偏不倚的判斷，進而做出正確決定的唯一途徑。

　　其次，在孩子處於這種困境的時候，母親要盡量地給予同情與理解，並且充分考慮到可能導致孩子犯錯的多方面因素，多給予孩子一些安慰，以此平緩他憤怒的情緒。這樣，母親也可以對孩子所遭受的痛苦進行深入的了解，而不會始終糾纏於孩子犯錯的起因之中。過一段時間，等孩子心靈上的騷動真正平復下來以後，母親就可以找一個合適的時機，更輕鬆、更有效地讓孩子意識到自己錯在哪裡。

第 11 章
對孩子要多關心，少挑剔

　　我們常常會不假思索地認為，孩子做正確事情是理所當然的。而他們如果做錯事情，就是非自然的或不正常的表現。因此，當他們做了正確的事情，我們會認為這是他們應該做的，也毫無表示。但是，當他們犯錯之後，我們會注意到他們的行為的不當。然後，難免對他們進行指責。許多父母在引導小孩走上正確的道路時，並不是透過循序漸進地表揚與鼓勵，而是透過教訓等手段，試圖糾正他們的錯誤，避免他們日後重蹈覆轍。

　　現在，我們不應該忘記，在童年時期，孩子在心靈道德層面上有一個取向的問題，他們對此沒有什麼概念可言。但是，他們卻有學習的天賦。孩子可以透過長輩的教育或是周圍人們的榜樣來習得。不同哲學派別關於人類靈魂的天然構成及原始衝動都有不同的理論和觀點，在此我們並不想進行探討，而是以一種簡明而又實際的方式，來對孩子的心理以及道德行為進行審視。這些都可以從孩子們的日常生活中獲得。仔細觀察的母親會在他們的一舉一動中覺察到孩子們內心的想法。為了避免在這裡闡述的理論陷入任何形式的複雜艱澀，我們首先從一個極為普通的例子著手。

　　這個例子是關於孩子在進出時關門製造的噪音。喬治與查理這兩個男孩年齡都在五歲左右。這兩個孩子都會犯相同的錯誤，假設他們的母親採取不同的方法來矯正他們的錯誤。喬治的母親主要依靠在他做對事情時，給予讚揚，以此來對孩子產生影響。而查理的母親則主要是在他做錯事情之後，希望透過給予指責與懲罰這樣的手段，達到自己的目的。

第11章　對孩子要多關心，少挑剔

　　一天早上，喬治想要去問母親一些問題，或者想讓母親批准自己去玩耍。他粗魯地衝向母親的房門口大力拍門，造成很大的噪音。母親對此很不滿。在這種情況下，我們不能責怪他。因為他自己並沒有察覺到給別人造成的困擾。他心靈的認知能力只能想到其渴求東西。他無意打擾別人，而自己對此當然也沒什麼察覺。

　　母親當時沒有在意他製造的噪音，而是回答了他的問題。喬治在走出房間時，還是像進來時一樣又製造了一陣讓人厭煩的噪音。

　　我們想像一下，在他下一次進來的時候，偶然發出了很小的聲音。這無疑給母親一個良機。她說：「喬治，我發現你有進步。」

　　「什麼進步？」喬治一臉疑惑地問。他不知道媽媽指的是什麼事。

　　母親說：「在你進入房間的時候，並沒有製造很大的噪音。你這次和以前相比，噪音小了很多。有很多男孩子在他們進出房間的時候，都會製造很響的噪音，這是很令人討厭的。如果你能繼續進步，一定會像一位紳士那樣開關門的。」

　　於是喬治在下一次走進房門的時候，克制住自己的衝動，小心翼翼地打開房門，然後盡量輕輕地把門扣上。

　　喬治向媽媽談到此事時，媽媽恰到好處地對他給予表揚：「孩子，你開關門的時候就像紳士一樣。你付出了這麼多努力不去打擾我，我希望能為你做些什麼。」

表揚總比懲罰好

同樣的情況，查理的母親則採用另一種截然不同的方法。我們假設，查理有時在進門時，輕輕地走進來，母親認為這是理所當然的，毫不理會。不久，可能由於一些非常著急的事情，他在進出門時，造成很大的噪音。這時候母親立刻就回過神來，斥責道：「查理，你製造的噪音太大了。在你進出門時，就不知道輕輕關門嗎？如果下次進出門的時候你無法減少噪音，我就不讓你進來。」

查理非常清楚母親只是在嚇唬自己而已。但是，母親的這些指責及隨後的行為，無疑會讓他覺得很不舒服。其實，母親這樣做的「唯一好處」，就是讓查理在下次進來的時候，試著減少噪音，看看母親有什麼反應。下次，在進門的時候，他故意稍稍地降低了一點噪音，假裝聽從了母親的命令。如果母親再次憤怒的質問，他可能會很誠實地回答：「沒有比製造噪音更爽的事情了。」他不知道為什麼噪音會讓母親感到不高興，而這微不足道地噪音根本不會打擾到他自己。他自己很喜歡這種噪音。小孩子都很喜歡噪音，特別是噪音是他們自己製造的時候。儘管在查理製造噪音之前，就有人告訴過他，不能製造任何噪音。然而對孩子來說，噪音可以說是一種快樂泉源；在父母們的眼中，這卻是煩惱與苦悶的來源之一。查理對整件事的看法是極為模糊的。但如果說他對此事有什麼自己的想法的話，那就是他母親的話表明了她對事情的不理解以及態度上的不可理喻，正是這種態度喚起了她內心想給查理挑錯的壞脾

氣，並以責罵的方式來發洩出來。可能查理會更加簡單地說：「媽媽真是蠻不講理。」換句話，整件事在查理的道德感上烙下這樣的一個印象：這只是母親的錯，跟自己一點關係也沒有。

很顯然，當父母試著尋找糾正孩子壞習慣的方法時，或是在成功限制孩子行為舉止上的一些錯誤時，我們可以看到，這樣做其實對他們並不會產生多少積極的效果。母親這種激烈的反應可能對孩子的精神方面造成嚴重的傷害，這展現在母親對孩子的惱怒以及習慣的反映。這同時也會影響孩子對母親公正及善良形象的信任。在我們講完這個例子時，必須回過頭來仔細看看喬治的例子。喬治的母親，不能說她對喬治所採取的糾錯手段已經取得了效果，實際上，這也只是邁出了第一步而已。這種方法會讓喬治在某個時刻自願去做母親認為正確的事情；而直到喬治養成這個習慣之後，這一工作才算是順利完成，這兩者完全是兩碼事。所以就需要母親為了一個特定的目標，不斷地採取具體、持續的措施。父母不僅要為孩子指出道路前進的方向，更要勸導他們走上這一道路。在下面，我們將嘗試把這些應用到實際生活中，看看表揚、鼓勵孩子在這一過程中所發揮的重要作用。

讓孩子形成習慣

我們在上面已經講過，在第一步措施完成之後，喬治的母親找到了一個適當的時機。這可以在孩子上床睡覺前，也可以在孩子坐在母親旁邊的時候。總之，在與孩子對話時，要選在

孩子心智清楚、不受干擾的情形下。

母親說：「喬治，我有一個計畫想要跟你說。」此時的喬治迫切地想知道這是個什麼計畫。

「你知道，當你今天輕輕走進房間的時候，我有多高興嗎？」喬治並不太清楚母親說的是什麼。

母親接著說：「對於噪音，大人與孩子是有不一樣的看法的，這很有趣。孩子們差不多都十分喜歡各式各樣的噪音。特別是當這些噪音由他們自己製造的時候更是如此。但是大人們卻不是如此。如果在房間裡有幾個男孩，他們會隨意用力的關門製造噪音。他們會對此感到非常高興，認為這非常有趣。」

「是的，」喬治說，「他們會的。我也希望有一天妳會讓我這樣做。」

「但無論是不是他們製造的，大人對此卻是極為討厭的。所以，當孩子進入有大人在的房間的時候製造噪音，會讓他們感到十分不開心。大人們總是喜歡那些輕手輕腳進入房間的孩子，因為，那些孩子就像紳士或淑女一樣。」

母親的說辭連繫到了喬治所做的正確行為，在表達的過程中夾雜著對他的褒揚，這會讓喬治在心中更容易接受，而不是牴觸或是置之不理。同樣地，如果母親因孩子犯錯而責難他們，孩子會十分抗拒的。

於是喬治說：「是的，媽媽，我一定會盡可能地在進出門時輕輕關門。」

「好。我就知道你會這樣做。」母親高興地說。「但是，你

很快就會忘記的，除非你自己有一些計畫，讓你記住這一點，直到養成這個習慣為止。現在，我有一個計畫，也許可以幫你養成這樣一個習慣。當你養成這個習慣之後，你就再也不會覺得輕輕關門這件事有多困難了。」

「這個計畫是這樣的：以後，每次當你進門時，如果你製造了噪音，我就會說：『噪音』。然後，你就要緩慢地向後退，關上門之後，你再輕輕地重新開門進入。除此之外，你不會受到任何懲罰，因為媽媽知道，即使聲音大了，你也不是故意的。這樣做只是為了讓你記住，不要在進出門的時候製造噪音。這會幫你養成輕聲進門的習慣。以後，你就會像一位紳士一樣。」如果母親能本著這種負責的精神去執行，孩子就會心悅誠服地服從母親的計畫。

母親接著說：「你聽到我說『噪音』一詞時，就必須走出去，再進來。如果這讓你感到生氣或是鬱悶的話，那麼也許我不應該提出這個計畫。不過，我想你一定會心平氣和地對待這件事。即使你認為這是一種懲罰，你也會心甘情願地走出去，像一個男人那樣接受懲罰。如果當你再次走進來的時候，沒有製造出噪音。你就會意外地發現，原來自己是能夠忠實地履行這個計畫的。」

如果喬治在第一次走出門外，又重新進來的時候，自始至終都是心平氣和地接受。父母一定要及時注意到這一點，並恰當地給予喬治表揚。這種方法不會讓母子之間產生任何對抗情緒。相反，這對雙方來說都是一種快樂與幸福。母子的心會更加靠攏，雙方的感情與理解的紐帶也會變得更加牢固。

我們要相信，上面闡述的例子中的方法模式在日常生活中是「放之四海而皆準」的。孩子在開關門時製造噪音，或許只是件微不足道的事情。然而我們之所以花這麼長的篇幅來討論這一習慣，並不是要強調改掉某一個壞習慣的方法，而是在這一具體方法中所展現的原理以及在執行時所要具備的一種精神。可以說，這種原理與精神在家庭教育的所有方面都是適用的。當然，還有很多父母沒有使用這種方法。有些孩子在很多場合下都說真話，有時甚至頂住巨大的物質誘惑，選擇講真話。有些父母對此熟視無睹，認為這是孩子應該做的。而當孩子們有一次經不住誘惑而撒謊，父母就會對此大動肝火，對他嚴屬地訓斥。又比如，一個孩子十次中有九次選擇放棄屬於弟弟、妹妹的東西，只有一次在經過激烈的心理鬥爭之後，粗暴地奪過不屬於他的東西。而父母對於他前九次做對的情況不予理會，而那一次做錯的，卻會讓父母對他們拳腳相向。

孩子為什麼會犯錯

很多錯誤的教育方式錯就錯在根本理念上。這些理念認為孩子做正確的事情是理所當然的。當他們做對的時候，父母一言不發；而一旦犯錯，就會被父母認為是不正常，於是父母介入其中，強加干涉。這種理念在很大程度上是錯誤的。孩子會有一些完全出於天性的錯誤行為。一個嬰兒搶走屬於另外一個嬰兒的玩具，當他學會說話後，他們就會用語言馬上指出屬於他們的東西。而此時他們還沒有那種神聖莊嚴的責任感是要

使他們的語言符合事實，或是為自己給別人造成的損害給予補償，抑或克服一時的誘惑而敢講真話。這些行為都是在後天慢慢習得的。

那些正確的觀念在某一初級時期處於一種遲鈍的狀態，需要透過教育與周圍的人們樹立的榜樣的影響而習得。但是，所有人都知道，這種對行為動機感知能力的發育是很緩慢的。兒童想要獲得足夠的發展，來對其自身行為施以真正有效的控制，就必須要經歷這一過程。我們在控制欲望、本能的衝動上所獲得的任何實質性的幫助，都是在人生的早期獲得的。事實上，如果人類的良知在其兒童時期就展現出存在的狀態，理智就會把它帶入責備與懲罰之中，那麼它就會隨之而表現出一種對探知的恐懼。

兒童時期的孩子就像一株極為脆弱的植物，正在緩慢地生長。它們想要發展到健康成熟的時期，就需要養育者採取最柔和的方法來呵護他們，使那些處於成長階段的幼小心靈得到保護。當那些處於萌發期的孩子無力掙扎時，長輩給予的表揚與鼓勵會產生積極地影響，同時也會大大地促進他們的發展。在他們遭遇挫折時給他們鼓勵與表揚要比責罰更容易取得好的效果。

▍表揚與懲罰的分寸

好像每件好的東西在其形式或組合上都有其自身的一些缺陷。父母可能會不辨是非地對孩子讚揚與誇獎，讓孩子變得驕

傲與虛榮，這是不會取得任何好結果的。

父母對孩子給予關心與表揚應控制在適當的限度與範圍之內。我們肯定孩子正確的一面，這比一味地對孩子的行為進行批評更為有效。

舉個例子來說：在孩子身心發育的過程中，有兩種能力是他們必須要學習的。在這一過程中，我們是不會對他們的犯錯、不足而感到失望。父母會一如既往地給他們表揚與鼓勵。

1・孩子學走路、學說話時父母所採取表揚手法是正確的

孩子在第一次學走路時，顫巍巍的身體顯得既笨拙又弱小。但孩子的媽媽卻會在一旁十分興奮，而且會接連地發出一陣陣驚嘆來表達自己的喜悅之情。她對孩子的表現是多麼滿意啊！她或許還會叫隔壁房間的人過來看：自己的孩子會走路了！在孩子學走路的過程中，母親由始至終都不會說一些對孩子的表現不滿意或是喪氣的話，不會說孩子走路跟跟蹌蹌、十分笨拙的話，也不會埋怨他需要父母去攙扶才能保持平衡。在整個過程中，父母對孩子那顫抖的身子、臉上不安的神色或是犯的任何其他錯誤，都積極地給予鼓勵，讓他不斷改進，最終取得成功。

小孩在蹣跚學步的時候，母親即使偶爾對孩子不盡人意的表現說些什麼，孩子也根本不明白自己的母親在說些什麼。在孩子的眼中，這一切都是母親對他的行為表示滿意以及欣慰而已。由此也可以看出，孩子如果覺得自己給旁觀者帶來了歡樂

也會使他受到鼓勵的。他會因為自己的成功而感到驕傲與高興，同時抱著一種更為積極、愉悅的心情繼續前進。

　　同樣地，小孩學習講話的過程亦是如此。他們在剛剛學說話時，往往會表現出很多缺點與不足。但是父母們很少去理會這些，有些父母甚至置之不理。如果孩子的話被父母聽明白，父母因此而表現出欣喜的表情。這樣會給孩子留下深刻的印象，還會使他們懷著勝利的喜悅繼續去學習說話。父母們沒有因為孩子在這方面還需要很多改進才能達到預計的目標而感到任何失落。實際上，母親不去責備或是指出孩子在這一學習的過程中的錯誤，反而會在這一過程中給予孩子持續的幫助。所以，當孩子這個語言的「入門者」在運用語言時，譬如，在床上睡醒之後，他向母親伸出手說：「媽媽，我想起床。」此時，母親會應聲過去抱住他，臉上洋溢著喜悅，彷彿在說：「我的小寶貝，你是應該起床了。」母親這樣的表現使孩子的內心充滿了幸福的喜悅之情，因為媽媽對於他語言的嘗試及取得的成功感到了滿意。

　　在學習走路與說話的過程中，孩子總是抱著一種輕快、愉悅的心態不斷取得進步。他們在父母無意識的鼓勵下，會不斷自發地練習。父母雖然沒有承諾給他們什麼獎勵，也沒有用什麼物質獎勵來引誘他們，但也沒有對孩子有任何不滿或是厭惡的情緒。假如母親在小孩學習走路和講話的過程中，對孩子犯的錯誤不斷嘮叨，並養成習慣，產生的後果不僅會讓這位「小學生」的信心遭受極大的打擊，同時也會嚴重地阻礙孩子取得進步。

2・小學生第一次寫作，千萬別令他感到沮喪

我們來看學校或是研討班裡教孩子如何寫作的例子。用文字來表達自己內心的思考能力與小孩學習說話的能力十分相似，只是我們換成文字這種表達方式。我們在前面介紹孩子在講話時的正確做法，應該也會自然地運用到這個例子中吧。然而，實際上，我們卻剛好倒過來了。小學生在寫作文的時候會遇到很多困難。他們會強烈地預感到自己可能會寫得不好，只好懷著忐忑不安的心情把自己寫下的第一篇文章交給老師。如果老師是個心地仁慈的人，並具有足夠的耐心，他就會在孩子的作文上寫下一些簡短而又略微模糊的話，貌似在讚揚地寫：「這對於一位初學者來說，已經很好了。」或是寫：「第一次寫文章就有這樣的水準，算不錯了。」然後，老師就會以成年人的標準對這篇文章仔細地分析，並不斷清楚地指出孩子在文章中所存在的缺點，如遣詞方面的不恰當等。無論老師在這一過程中表現得多麼耐心、友善，他這種做法都是徹底地向孩子表明：你的文章讓人感到很不滿意。這樣，孩子在交作業的時候就被弄得膽戰心驚。當他們拿著那已被修改得面目全非的手稿回到自己的座位的時候，內心會感到羞愧難當。此時，他們幼小的心靈處於一種瀕臨絕望的狀態。

3・如何糾正孩子在拼寫上的錯誤

有人認為，明確地指出孩子所犯的錯誤，對他們在日後取得進步是至關重要的。因為只有他們真的知道自己的錯誤在哪

裡，才可能有針對性的改正它。我承認，這種說法是有一定道理的，但是也絕沒有人們想像中的那樣千真萬確。其實，除了上述人們說的那種直接指明孩子錯誤的做法之外，還可以採取更多效果更佳的方法去改正孩子的錯誤。

其實，老師可以不指出某個孩子在寫文章時所犯的具體錯誤，而是說明他們整體上做得好的方面，並給予讚揚。同時，他在心中也知道孩子在寫作過程中所存在的不足之處，應在日後的教學中幫助孩子改正這一點。這當然只是一種很普遍的教學方法，但這沒有提到某個孩子所犯下的具體錯誤，而是從整體上加以說明，避免了對某個孩子的心靈所造成的傷害。儘管這種方式與上面的那位老師的做法有相同之處，都是希望孩子能夠在寫作的時候養成正確的用詞習慣。但是，下面這一種做法卻不會讓學生感到老師是在指責他們的錯誤，輕視他們的努力。而上一種方法卻會讓學生一如既往地把犯過的錯誤忘得一乾二淨，並且在日後還是會對這些錯誤渾然不覺。

一位聰明的母親會有很多與此類似的具體的教育方法。這些方法既可以把孩子引上正確的道路，同時又能避免因對孩子犯錯的責備而給他的心靈造成傷害。這一方法對孩子因自己的疏忽或是心智還不成熟的情況下所犯的錯誤是非常適用的。但不容忽視的是，還有另外一種犯錯的類型，即孩子的疏忽或是對母親的教誨不加重視造成的。父母必須對他們的這種類型的錯誤保持警惕，一定要及時、恰當地指出來，讓孩子意識到自己的錯誤。也許在一些特殊的情況下，為了讓他們從心底裡打消那些錯誤的想法，還需要給他們一些懲罰，並指導他們

改正。但是，一些孩子是因為忽視了自身的責任或是在不注意的狀況下犯的錯，無論這些錯誤是多麼明顯，都盡量不要去責備。如果可能的話，父母還是要盡可能地發現孩子表現好的一面，並對此表示鼓勵，表現出對他們在下次能有更好表現的期望。這樣，父母就很容易喚起孩子知錯就改的決心。幫助孩子改掉疏忽的這一壞習慣也會相對容易一些。

然而，我們在這一章要給出的建議，就是要盡可能地對孩子使用表揚和鼓勵的方法，同時，拋棄那種批評或是有錯就責備的教育方法。這個建議，跟其他的一些建議一樣，都是有一定的適用範圍的。可能有一些母親會不贊同我們在這裡所講的東西，她們會說：「如果我總是不辨情況就對孩子讚揚的話，他就會很容易變得虛榮而自大，他就不會再努力地去爭取進步，而是會對已經取得的成績感到滿足了。」是的，孩子們的確會如此。因此，父母就要對這件事注意了，盡量不要不分情況地給予讚揚。母親必須要發揮自己的技巧、良好的判斷力與常識。無論孩子的表現如何，都要適當地運用責備與讚揚。無論哪一種方法都不是完美的，我們不能盲目誇大它的作用，或是盲目執行而忽視了當前的客觀狀況，否則，其結果不僅不是自己想要的，而且會弊大於利。

父母一定要記住，我們在本章談到的關於對孩子使用揚善避惡的方法是來改正他們的錯誤的。這一方法只適用於孩子因無知或是偶爾的疏忽及一些不良的習慣而犯的錯誤，而不適用於他們明知故犯的那種類型。這就需要父母分清孩子所犯錯誤的類型。當碰到孩子故意不聽父母的話，或是公然挑戰父母的

權威時，父母就必須採取不同的策略。

▌「放之四海而皆準」的方法

　　在本章結束時，我們闡述了這種做法 —— 透過對孩子所做的正確的事給予鼓勵，而不是只顧著挑剔其錯誤。客觀地說，這樣的方法，對不同性格的人、不同年齡的人都是適用的。在世界範圍內，表揚與鼓勵對人們心靈產生的影響都是巨大的。在複雜的社會關係中，運用表揚與鼓勵都會收到好的結果。如果你看到窮人做出一些慷慨的舉動，不要去嘲笑他們的貧苦，而是要透過對他們行為的觀察，去發現那些隱藏在貧窮裡的慷慨，及時地對他們表示讚揚。如果有一位讓你不堪其擾的鄰居，你直接去告訴他你的看法，只會讓他日後帶給你更多的煩惱。我們要做的是，在某些場合下，假如他對你表示出一點善意，你對此要及時表示真誠的謝意，他就會有一種想去複製這一行為的強烈的衝動。如果人們都能明白這一點，並在人與人交往的過程中能夠運用這一點的話，那麼，我們現在居住的這個世界將更為和諧，我們也會在各個領域取得更多的成就。值得注意的是，這一方法的適用範圍需要我們有良好的判斷力及常識。

第 12 章
孩子犯錯並非故意

第 12 章　孩子犯錯並非故意

在我們眼中，孩子的許多可以認為愚蠢的錯誤其實都是由於他們的無知而犯下的。父母需要技巧，甚至是仔細地觀察，才能決定是否糾正孩子的一些幼稚無知、毫無經驗的錯誤，或是界定孩子的行為是否為明知故犯。對於明知故犯的錯誤，我們無論如何都要採取一些適當的行動。但是，對於前者，我們所能做的不是責備，而是開導與教誨。

【家教實例】—愛吹牛的孩子

有一天，母親走進房間，發現約翰與他的表妹珍妮在兩人誰高的問題上發生了激烈的爭論。約翰堅持說自己才是高的，原因很簡單：他是個男孩。約翰的哥哥詹姆斯也在場，他幫他們測量了身高，發現約翰確實比珍妮高一點。

在這個例子中，當約翰知道自己比表妹更高時，感到喜悅與開心，這是無可厚非的。儘管他以那種吹噓的方式來證明自己的這種身高優勢顯得有點愚蠢。這種愚蠢是源於他的無知。因為他不明白，與透過吹噓而獲得聲響相比，我們最好讓自身的優點自然流露，這樣會更為明智與得體。我想，有一半的人類終其一生都好像無法明白這一道理。如果在一開始，約翰就承認珍妮可能比他高，然後靜待測量的結果，這樣就不會讓人覺得愚蠢。但是，這對年齡還小的約翰來說，要求未免過高了吧。

許多成年人尚不知道這一道理，五歲的約翰更沒有足夠的智慧自己領悟這一點，所以不能因此而責備他。

同樣，約翰認為他自己是個男孩，所以就一定要比與他同齡的表妹高。我們也不能因約翰在爭論過程中所持的這種錯誤的邏輯而去責怪他。類似的例子還有很多，邏輯學家會把這種行為稱為「假設」。我們已經知道，孩子在小的時候，心智的成長是很緩慢的。

我們不應該指望年齡這麼小的孩子對事情的前因後果能夠有充分的了解。對他們而言，在假設與結論之間存在著一些極為抽象的邏輯關係。在孩子還沒有接受正規教育之前，我們不能期望他們明白這一點。

總之，在這個例子中，我們不應該因為約翰沒有發育成熟的心智而嘲笑他，也不能透過責備或懲罰來讓他改變這種吹噓的習慣。我們要做的，就是對他進行教導。當然，我們不能直接地指出孩子的缺點。如果你嘗試著與他說明吹噓的行為是多麼愚蠢，他就會感覺你是在沒事找茬，他的心靈就會處於一種本能的防禦狀態，你的教誨想要進入他的心靈就會變得異常困難。約翰的媽媽當時立即向兒子說明吹噓這種行為的愚蠢之處，她說我們最好讓自己身上的優秀品格自然流露，這樣才會顯得更加明智，而不要嘗試去做沽名釣譽之類的事。約翰不樂意聽，對媽媽這種半遮掩式的責備感到非常不爽。如果他是一個很聽話的孩子，他會默默地等著他媽媽把話說完，但是媽媽的話卻沒有一點效果。如果他是一個叛逆的孩子，他很可能會打斷媽媽的話，自己走開，獨自去玩了。

我們必須拋棄那位母親的做法，而是靜待他們的爭論告一段落或是測量身高一事被孩子遺忘後，她可以利用一些有利的時機給予孩子必要的教導。這樣做收到的效果會更好。例如，當孩子玩累後靜靜地看著媽媽忙碌的時候，或是媽媽被要求講故事的時候，抑或是送孩子到床上睡覺的時候，媽媽可以對約翰講一個關於兩個男孩的故事，其中一個叫傑克，另一個叫亨利。他們兩個是同班同學，但是這個教室也只有他們兩個學生。亨利是班上最勤奮的學生，成績一直排在第一，傑克則排在後面。當然，由於全班也只有他們兩個人，所以，傑克是排在最後一名。

有一天，家裡來了許多人，其中一位女士問這兩個孩子在學校的成績怎樣啊。傑克馬上回答說：「很好啊，我在班上的成績僅次

第 12 章　孩子犯錯並非故意

於第一名。」這位女士聽後馬上對他給予了讚揚，說他一定是一位很勤奮的學生，只有這樣，才能在班上取得這樣好的成績。然後，她又問亨利的成績怎樣。亨利說自己的成績是班上的倒數第二。

這位女士多少感到有點吃驚，因為她與在場的其他人都知道亨利是班上最勤奮的學生，因此感到有些不解。亨利在說話的時候，語氣有點狡猾。沒一會，老師也來了，她對此做出了解釋。她說這兩個孩子是在同一班的，而這個班只有他們兩個人。亨利其實在他們兩個人中是排第一的，而傑克也的確是僅次於第一名。老師這樣講解之後，傑克感到很羞愧，而亨利儘管沒有說什麼吹噓的話，卻情不自禁感到很高興。

「現在，」媽媽在講完故事之後問，「你覺得他們之中誰更聰明呢？」

約翰回答說亨利更聰明一些。

「是的，」媽媽說，「事實上，如果一個人具有某個優點，應讓其自然流露，而不是靠自己的吹噓。」

事實上，亨利和傑克的例子與約翰和表妹的例子並不完全相同，甚至是有點差別。但在對孩子的教導方式上，我們並沒有必要完全符合原來例子的邏輯，只要它們兩者之間有較大的相似度就行了。這個故事引起孩子的興趣和思考，同時也為他了解並接受母親的教誨作好了思想上的鋪墊。但是，如果母親願意，她可以把這個故事說得更加直白一些。

她說：「我跟你說一個故事。在市集上有兩個男人，他們的名字分別叫湯瑪斯與菲利普。湯瑪斯在吹噓自己有多強壯，他說自己比菲利普強壯多了。湯瑪斯指著地上的一塊大石頭，說要與菲利普比試一下，看誰把石頭扔得更遠。菲利普說：『你說得對。我可以試一下。不過，我想你會贏我，因為你很強壯。』於是他們就開始比試了。但是，事實證明，菲利普比湯瑪斯扔得還遠。於是湯瑪斯

羞愧地走了。而菲利普則因為自己事先沒有吹噓而顯得形象更加高大。」

「是的，我也是這樣認為。」約翰說。

如果母親願意，選擇的例子可以與約翰的那件事更加相似，約翰照樣會心誠悅服地接受。母親可以把約翰這個例子講出來，不過要把故事主角的名字改一下。這樣，約翰就不會因為自己的行為遭到別人不好的評價而感到羞愧。人們會驚訝地發現，哪怕只是表面上的一點點輕微變動，都足以讓孩子轉移對自己的注意力，讓他們可以不帶個人情感地接受母親的教誨。

媽媽會說：「在一本書中講述了一個關於兩個男孩在比誰更高時而發生了爭執的故事。設想一下，如果是你在編故事，你認為應該給這兩個男孩取什麼名字才合適呢？」

當約翰說出了自己的想法之後，媽媽繼續講故事。她把約翰與表妹之間發生的事情一五一十地講出來，然後提出了自己的看法。母親在講述的過程中，只要小心謹慎地運用一些技巧，就會發現這堂課的內容會輕鬆地走進孩子們的心坎裡。原因很簡單，母親沒有直截了當地跟約翰說出他的缺點所在，而是換了另一個名字，講了另一個人的事。同時，母親也去掉了對孩子的那些隱含的責罵。這種很小的偽裝足以掩蓋住對某人的對號入座。孩子在這一過程中也不會感到十分難受與不快。他可能會隱約察覺到你是在說他，但這種朦朧的感覺不會讓孩子產生任何的不滿或是排斥。

我們在這裡花費了不小的篇幅來講解上面的例子，目的就是要說明，在觀察孩子天性中真正的、固有的特點時，父母們就會發現，孩子們所犯的很多錯誤是由於他們的無知以及毫無人生經驗所致，而並非故意為之。對於他們的這些錯誤，我們不應該苛刻對待，更不應予以譴責或是懲罰。因為在這些情況

下，他們所需要的只是父母耐心地教誨。這好比他們前方的道路一片漆黑，需要我們點一盞燈，為他們指引方向；我們不能因為孩子的無心之失而大動干戈，這樣只會給孩子留下痛苦的回憶，只會讓他們更看不清前路。

事實上，父母會發現，與那些痛苦的回憶相比，那些快樂的回憶更能對孩子產生積極的影響，促進孩子的發展。父母越是採取積極、讓人愉快的方法向孩子傳授知識，就越能把孩子指引到通往成功的道路，這條路也會顯得更具吸引力，父母的教育也就越容易取得成功。

▌孩子犯錯，在於他還無知

在上面的例子中所說的孩子心智的不成熟，包括他們對自己心靈的特點、行為的一無所知，缺乏正確而理智的認知。但是，孩子所犯的大部分錯誤是由於他們對事物的法則及身體的各部分屬性、性質的無知所造成的。而他們卻因此承受了許多本不應該「收穫」的指責。

比如，有一個七八歲的男孩，父親給了他一把小刀作為禮物，囑咐他一定要小心使用。男孩對於禮物的使用是很小心的。他想要在一塊木頭上鑿一個洞，做一個木風車玩具，但是不小心把刀片弄斷了。在這件事上，我們不能指責孩子不夠小心。其實，這只是因為他對於鋼這種材料、刀片的性質及其鍛造等級缺乏認知罷了。在這種情況下，他所需要的不是責罵與懲罰，而是長輩對他的指導。

　　有一位與這個男孩年齡相仿的女孩，出於一種自發的責任去幫助媽媽準備早餐。她嘗試著獨自拿著大罐牛奶走過房間，卻不小心把一些牛奶灑在了地板上。

　　女孩的行為給媽媽造成了麻煩，遭到了媽媽的嚴厲斥責。但是，母親卻全然忘記了，女孩這樣做的出發點是好的。其實，女孩灑牛奶的原因很簡單：她年紀小，不明白人在攜帶重物時，走路是會不穩的，而這多少會影響到液體的振動和搖晃。關於這些，在此之前沒有人跟她說過。她年紀還小，生活的經驗和觀察不能夠讓她獲得所需的這些知識。孩子所犯的錯誤大致上都可以歸於這一類。他們的犯錯並不是出於什麼不好的動機，我們也不能稱之為「粗心」。這些都是由於他們對手頭上的物體的屬性和品質沒有足夠的認知和了解而造成的。

人人都會犯錯，因而不能揪住孩子的錯不放

日常生活中經常會遇到相類似的很多例子。一位船長從港口出發之後，烏雲逐漸集結，不出幾個小時，就出現了一場大風暴。結果，他的船被困於大風之中，船的中桅和繩索都被狂風吹走了。但是，船長並沒有因此而責怪自己。因為在離港的時候，船長根據自己掌握的氣象知識，認為並不會出現大風暴，因此也不覺得會有大的危險。我們不能奢望船長能夠提前對變幻莫測的天氣做出一個合理的預測。我們總是傾向於讓孩子掌握跟我們一樣多的知識與經驗，從而對危險的存在有一種認知。其實我們也是在經過多年的人生摸爬滾打之後，才逐漸掌握到這些知識的。但是，我們已經習慣了因孩子對事物缺乏足夠的認知而去指責，甚至懲罰他們。

【家教實例】─兒童學習拼寫真的很困難

也許，在對孩子的教育中，僅僅是因為孩子心智不成熟而造成的錯誤，就足以讓他們在家裡或是學校都「收穫」了不少本不該「享有」的責罵。很少有成年人能夠對孩子在學習閱讀和書寫單字時遇到的巨大困難有一個正確的認知。因為自己的孩子在學習書寫單字上進步得極為緩慢，不知道令多少父母感到沮喪或不滿，這可以從他們的指責和埋怨聲中略窺一二。

父母們好像忘記了在英語這門語言中，日常使用的單字數量就達到八千到一萬個左右，而且，這些單字都是要一個一個學習的。孩子就像苦行僧一樣忍受著記憶的單調、無聊和苦悶。值得慶幸的是，他們可以從自己日漸發育的智力上獲得一些幫助。而我們對這

些單字的拼法卻是習以為常。例如，「bear」這個單字，指的是一種動物「熊」。這個單字是由「B-E-A-R」這四個字母構成的。我們會想當然地認為這些單字中，字母之間具有一種天然的黏合性，組合在一起用來代指某個事物。但是，當我們要求孩子背單字時，他們卻不是這樣想。他們對字母本身或是其具有的性質一無所知。當我們指熊的時候，他可能會想到「bear」，也可能想到「bare」、「bair」、「bere」等。而「you」這個單字也一樣，它可以說是我們平常使用頻率最高的詞語了。一個小學生根據這個單字的發音，可能會拼寫成「Y-U」。在此時，如果我們指責孩子，無疑會使他們受到傷害，好像他自己做了一件很荒唐的事情似的。

其實，大人們應該明白，孩子們不經過最刻苦的努力，是根本不可能掌握那些在他們眼中雜亂無章的單字拼法的。孩子在相同發音的情況下，無論是拼寫成「Y-O-U」、「Y-U」、「Y-O-O」、「Y-E-W」、「Y-U-E」（flue 中的 -UE）甚至是「Y-O」（do 中的 -O）等，都是有可能的。那麼，到底該選擇哪一個正確的單字拼法呢？

事實上，詞彙的發音是由母音與各個字母不同的組合而得來的。在不同的單字中，孩子是以一個音節的發音來指引他書寫單字的。在長期養成的習慣中，我們已經對正確的拼法習以為常，理所當然地認為這是最平常不過的了。在上面已經講過了，我們往往會這樣認為，英文單字的構成字母之間都有著某種天然的黏合性，在發音時，各代表相同的一種模式。在某些情況，這顯得很自然，很正確，而在另外的一些情況中則顯得有點荒唐可笑。我們經常會見到有人把「laugh」這個單字寫成「larf」，還有些人會把「scarf」寫成「scaugh」或是「scalf」。我們之所以把這些明顯的不協調之處遺忘了，完全是長期的書寫習慣造成的。其實，在單字組合中，並不存在天然連繫的說法，而孩子對此更是沒有概念。他們在學習講話時，學習該發什麼音來代替清晨草地上的露水（dew）。但是，孩

子根本無法從眾多相同發音的單字中選擇一個正確的拼寫形式。他可能拼為「dew」、「do」、「du」、「doo」以及「dou」，這些都有可能成為他們拼寫時的候選對象。

因此，在如何正確拼寫單字上，他們會陷入無望和迷惘之中。當我們要求他們去思考如何正確拼寫時，他們卻總是無法克服這個困難。所以我們會覺得他們有點愚蠢。但是，任何一種語言中的任何一個詞彙的具體拼法是有其原因的。這一原因可以追溯到遠古時期，甚至是在荒蠻時代，從野蠻人那些已消失的語言中探究根源。對於每個時代的語言使用者來說，想要了解其中真正的奧祕所在，都是很困難的，彷彿這些理由根本是不存在一樣。所以，大人們要求孩子去思考這些或是運用他們的智力，收到的效果是可想而知的。

事實上，一個單字或組合的發音並不像上面提及的這些例子中那麼具有普遍性。但是，上面所舉的那些例子還是相對合理的。這幾個單字並沒有經過特別的遴選，而幾乎是完全隨機的。英文單字的發音很少只具有一種拼寫形式，大多是具有多種拼寫的形式。

現在，我們以 several different modes 這三個單字為例。在我寫作的時候，完全沒有想要以它們作為例子。因此，這可以被看做是一種隨機抽取的範例吧。「several」的發音與下面幾個拼寫不同的單字完全一樣：「ceveral」、「severul」、「sevaral」、「cevural」，此外還有其他的一些拼寫方式。而「different」的發音則有以下的拼寫方式：「dipherant」、「diferunt」、「dyfferent」、「diffurunt」以及其他的形式，它們的發音都是一樣的。而「modes」亦是如此，根據語言的相似性，可以拼寫為「moades」、「mowdes」、「moades」、「mohdes」，甚至是「mhodes」（跟 rhodes 中的 -hodes 發音一樣）。

當然，一位出眾的演說家能夠了解上面具有相同發音的詞語的細微之處，並能夠掌握其中的不同涵義。但就一般小孩所具有

的理解能力來說，在「constant」一詞中的「-ant」與「different」中的「-ent」等方面，他們並沒有什麼感知可言。

現在，我們要明白這樣一個事實：孩子必須要機械地把這些單字記住，沒有任何捷徑可以引導他們正確地掌握發音相同而拼寫不同的單字，或是如何從相似的拼寫上做出簡單的判斷，抑或是從幾個相似的單字中看出哪個是拼寫正確的。孩子每天花多長的時間在這項科目上，我們只要稍微想一下就可以明白。我們都殷切期望著，在孩子十二至十五歲的時候，可以正確地書寫一萬到一萬兩千個單字。如果當我們充分考慮到這一點，那麼，發現下面這樣的事實，身為父母就不必感到沮喪：自己十二或是十四歲的女兒拼寫的單字中只有三四個單字正確。相反，父母還應該感到高興和滿意。倘若我們只是因為孩子的錯誤拼寫而責備他們，會讓他們感到羞愧。沒有什麼比這更讓他們感到心灰意冷的了。

千萬不要嘲笑孩子

在孩子掌握知識的過程中，他們犯錯時會遭受到指責和斥責，沒有什麼比這更讓他們感到心灰意冷的了。而實際上，在很多時候，他們所犯的絕大多數的錯誤都會成為大人指責、嘲笑的對象。這種教育方法給孩子帶來的後果是可以持續終身的。對於天性比較敏感的女孩來說，更是如此。在很多例子中，我發現了一些特別的情況，對於那些還沒有完全了解學校的影響的女孩子而言，她們害怕犯錯，害怕自己被認為是「愚

第 12 章　孩子犯錯並非故意

蠢」的人，這種心態會阻礙或延遲她們的進步。與其他的因素相比，正是這種做法壓制了孩子學習的熱情，也摧毀了他們在前進中所能獲得的各種樂趣和勇氣。

　　真正愚蠢的可能就是父母自己，我們在指責或是嘲笑孩子犯下的愚蠢錯誤的時候，是否想過這樣做是一件多麼狹隘，甚至是近乎殘忍的事情呢？我們要清楚，假如因為這樣做，使孩子在心理構造方面形成了任何不足，這都不是孩子的錯。至於孩子所擁有的天賦，也不是他們自己可以控制和決定的，而是由孩子自身大腦系統的組織功能的狀態決定的。這一切假如有什麼不正常的話，都不是孩子自身能夠改變的。這些缺陷或許會表現在面部特徵上，可能是先天性眼盲或耳聾，或是身體其他部位的缺陷。任何有缺陷的孩子都應該得到父母和老師的特別關照和愛護。如果他有點近視，可以讓他坐在教室前面盡量靠近黑板的位置。如果他的聽力不好，就可以讓他的位置離老師近一點。在其他的情況下，我們也應該採取相應的措施。如果你認為他有不足的地方，就應該友善地給予他關愛，盡可能去鼓勵他。因為，只有依靠家庭和學校持續不斷的關愛，才能彌補孩子在這些方面的缺陷。在其他事情上，小孩的監護人應該清楚意識到，孩子所犯的錯，到底是出於壞的意圖還是一般性的習慣。其實，他們給我們造成的麻煩，在很大程度上都是由於他們不成熟的心智所致。無論是在植物的培養、動物的飼養或是與人類的心靈交往時，我們都應該對那些還處於萌發階段的事物給予最柔和、最細心的呵護和關懷。

第13章
孩子本性就好動

　　孩子在健康的狀態下常會表現出一些看似「非正常」的舉動。為了讓各位讀者更好地理解這種舉動的本質，以及應該採取何種正確的方法來處理，我們有必要針對已觀察到的孩子的行為做出一些科學的解釋。這會讓我們更清楚地了解人類在兒童時期的特性。這種特性在所有的動物身上都發揮著極為重要的作用。在科學真理中有一條很根本的原理，我們稱之為「能量守恆定律」。這一原理有很多的事實根據。在一種自然的狀態下，能量是守恆的，沒有能量是會增加或是被毀滅的，而只是改變了存在的形式。沒有任何一種能量是會被終結的。能量可以透過多種途徑轉變成另外一種看似不相關的形式，但是兩者在數量上是嚴格相等的。

▌孩子好動是有道理的

　　如果我們觀察一隻在地面上跳來跳去的小鳥，就會發現，牠其實是在地面和樹枝之間往返上下。一開始，我們會驚訝地發現，小鳥能夠一直保持這種持續不斷的動作。但是，如果我們能夠再仔細觀察一下就會發現，小鳥其實是在漫無目的地跳來跳去。牠沿著一條小路跳了一陣子，然後又跳上了枝椏；過了一會，牠又跳回到地面上。然後，牠像是發現了草地上有什麼好吃的東西似的，「假裝」啄著一些東西。然後，牠傾斜著頭，再緩緩把頭抬高，樹上的枝葉恰好擋住了牠的視線。於是，牠馬上飛到枝葉上面。在枝葉上，牠休息了片刻，唧唧喳喳歡歌一曲。之後，牠又飛到地面上，走上一段，停下來，又

走一段，又停下來。牠環顧四周片刻，好像是在想著接下來該做什麼。然後，牠突然展翅高飛，咻的一下飛出了我們的視線。如果你去跟蹤牠，並在一段時間內保持著這種耐心而仔細觀察，我們就會發現，小鳥會繼續重複著這種看似毫無變化而永無止境的行為。

有時，我們會猜想，這種行為可以解釋為，小鳥所吃的食物包含的能量太少，所以牠要尋找一些食物。但是，當我們細想一下就會發現，小鳥表面上的啄來啄去，其實只是一個幌子而已。牠這樣不停地走動，並不是因為牠在尋找什麼，只是為了尋找這種行為本身帶給牠的樂趣。牠不斷地跳來跳去，好像用嘴啄著什麼，這並不是想要找到自己喜歡的食物，而是牠喜歡這種行為。

對此，真正合理的解釋是，小鳥的食物所含的能量來自植物在生長過程中所接收的太陽能量。這些食物被小鳥吃掉並消化之後，能量就會被儲存起來。而這種儲存起來的能量必須要有一個釋放的出口。事實上，並不是有什麼特別的東西吸引著小鳥朝著各個方向跳來跳去，而是由於體內的能量需要釋放。

一頭獅子被困在籠子裡，不停地走來走去。如果籠子沒有讓牠轉身的足夠空間，牠就會不斷地擺動自己的頭，從一側到另一側。獅子從食物中攝取的能量必須要透過一定的途徑釋放出來，牠的這種行為就是在釋放體內的能量。

母親很少會停下來仔細思考一下，也很少觀察那些躁動得無休止跳動的小鳥。但是，孩子卻經常會在母親的休閒或是享受的時間打擾她，這種情景應該是不少母親都會感到熟悉

的吧。她們不能明白,在看起來似乎沒有明顯動機的情況下,孩子怎麼就這麼好動呢?對此,她們也不能找到一個合理的解釋。所以,許多母親把孩子的這種毫無緣由、難以理解的行為認定是孩子的錯,動輒對他們指責或是懲罰。母親想透過一些人為的限制來糾正孩子的這種行為。孩子的心智在發展過程中,其內部的能量需要顯露出來,孩子的所有肌肉和心理活動都是能量釋放的表現形式。如果孩子體內的能量不被釋放出去,他們敏感而脆弱的器官結構就可能被摧毀。倘若母親們能夠明白這一點,就不會再對孩子進行限制和約束。我們會經常聽到,長期被單獨監禁的人,最後的結局都是鬱鬱而終。從身體能量的角度來講,他們從食物中獲取的能量,必須要在身體上得到釋放。但是在寂靜和孤獨的地牢之中,找不到任何釋放能量的有效途徑,積聚在體內的能量就會對身體產生反作用,導致大腦及其他重要器官的失常,最後讓人精神抑鬱,直至死亡。

▌孩子蹦蹦跳跳不是壞事

我們通常認為,孩子是受到自己欲望的驅使而不停地活動,這種想法其實是錯誤的。他們那樣做並不是要達到什麼目的,而是體內的能量需要透過一些管道釋放出來,孩子可以在不停地活動中感到一種樂趣和力量感。如果孩子真的想要達到某一個目的,就只能把全身的能量專注於一方面。由此可見,他們追求的只是活動本身帶來的樂趣,而不是為了達到某種目

的。這就是其中蘊涵的奧祕。

　　你給小孩一把弓和一支箭，帶他到院子裡去嘗試一下射箭。如果你沒有指定什麼目標，他就很可能會向空中隨意地射出這支箭。但是，如果你給他一個目標，他就會把注意力集中到目標上。這個目標可以是遠處的一個風向標，也可以是樹上的蘋果，或是一枚鈕扣，這些都可以成為射箭的目標。倒不是因為他懷著什麼目的去射中風向標、蘋果或是鈕扣，而是因為他體內有射箭的衝動。在此時，如果有什麼物體可以作為目標的話，就相當於給了這種衝動一個方向。

　　孩子身上持續不斷的肌肉活動也是如此。他回到房間，看見第一個座位就坐下來了，一會又坐到另外一個座位，再到另外一個座位，直到他把房間裡的所有座位都坐了一遍才甘心。這並不是他特別想要坐某一個座位，只是因為他想移動一下，而碰巧座位又在旁邊，這無疑是給了孩子這種移動的衝動一個方向。如果他要出門走走，可以打開門走到街上，也可以翻越院子的柵欄來到大街上。如果他的眼前有一堵爬起來有難度的牆，他不是繞過去，而是要爬過去。同理，孩子嘗試爬上一根柱子，或是執意要匍匐翻過有點陡峭的山坡等，這些行為並沒有什麼特定的動機和目標，而只是純粹地想要鍛鍊一下身體，發洩一下能量。

　　換句話說，他們所做的事並不是為了其中的目的，而只是為了「做」這種行為本身，純粹是為了做而做。

　　但是，許多父母卻不明白這個道理，總是一味地問以下這樣愚蠢的問題：「喬治，你為什麼要翻過那個柵欄？旁邊的門

開著,你可以輕鬆出去啊。」「詹姆斯,你在爬樹的時候,會有什麼好處嗎?那裡連一個鳥巢都沒有。」「露西,是什麼讓妳整天跳上跳下,到處亂跑?妳為什麼就不能找好座位,安靜地坐下呢?」……假如這些孩子明白上面所說的原理,可能會這樣回答:「我們爬柵欄並不是因為想到柵欄的另一邊,我們去爬山也不是為了要到達頂峰,我們整天走來走去也不是為了要去某個地方。我們這樣做只是因為要消耗體內的能量,而這些行為又是最容易消耗能量的方式。」

儲存在食物中的能量在人體中經過一系列重要的過程得到消化,然後透過不同的途徑釋放能量,發揮作用。這可以概括為以下幾個重要方面:第一,維持體溫;第二,肌肉的收縮及四肢的運動;第三,維持大腦及與神經系統相連接的心理行為。其中,最後這一點對於我們人類來說仍是一個巨大的謎團。但是有足夠的證據可以證明,在人類的神經系統中,心理活動是會消耗許多能量的。比如,當孩子正在玩耍時,我們卻突然讓他找個座位坐好,他就會感到非常的難受。因為他體內的能量正在不斷地催促著他「找些事來做」。但是,他在那裡靜坐時,如果我們給他講一個有趣或是激動人心的故事,來吸引他的注意力,他就會像一個木樁似的坐得紋絲不動,直到故事結束。在這些例子中,體內的能量所帶來的那種衝動消退了。也就是說,故事讓孩子的情感和思想處於一種興奮的遊戲狀態之中,而這也在一定程度上解釋了我們上面所講的觀點,即儘管我們還沒有了解整個過程,但是人們已經廣泛認同了大腦和神經系統可以消耗從食物中獲得的能量這一觀點。

在面對孩子無休止躁動的行為時，父母或者老師應找到更好的應對策略。他們會逐漸掌握以下幾條實用的原則。

引導孩子行為的實用原則

1‧ 永遠不要因孩子的躁動而責備他們

在小孩吃早餐之後，隨著熱量的吸收，他就會變得躁動起來。如果父母抱怨孩子這一點，其實就是不想讓孩子健康快樂地成長。父母讓孩子吃東西，卻又限制他們吃完東西之後的行為，這就好比一位工程師關閉引擎，關閉安全閥，同時卻繼續把煤不斷地倒在鍋爐裡。工程師所能預想到的最小損害，就是機器的各連接處不斷發出巨大的響聲。其實，只有透過這些鬆散處的活動才能讓一部分被「禁錮」的能量釋放出來，以免造成可怕的災難。

在學校讀書的時候，孩子們會竊竊私語或是玩耍；在家裡，他們會製造噪音或是無故地動怒。十有八九是因為他們體內剩餘的能量，這是能量在釋放時發出的「響聲」，而不存在其他的問題。

總之，我們必須盡可能去讚賞並鼓勵孩子的這些行為，而不是一味地責備和壓制。我們所要做的，只是防止孩子以錯誤的途徑去釋放這些能量，以免給別人造成傷害或是帶來不便。即使孩子原來的能量釋放途徑不正確，我們也絕不能透過呵斥的方式來讓孩子改變，而是應該給予引導，為他們開闢一些更

好的途徑。

2· 鼓勵孩子的活動，並在他們玩耍的時候給予指引

　　我們不能從中期望會取得什麼積極的結果，這樣做只是要促進孩子身體的健康發育。我們只能在一個極為有限的範圍內，期望小孩的行為會取得積極有效的結果。想要達到這一目的，需要孩子長期不懈地堅持，並不斷做出相同的努力，即透過同一種器官組織的持續的行動來消耗能量。我們都明白，在動物整個身體系統處於形成和發育階段時，只有短時間內的運作才不會讓牠們感到疲倦。這就需要那些尚處於發育階段的動物不斷地改變行動以及行動的方式，或者是休息一陣子。一位四十歲的農夫，身體的器官組織都早已發育成熟。在砍了一天柴之後，他仍沒有感到一絲疲倦。晚上回到家之後，他在火爐旁靜坐三個小時，專心致志地想著一些事情，也許是關於管理農場的細節，也許是為明天打算。透過白天連續幾個小時的肌肉運動釋放能量之後，他的肌肉此時正處於一種休息的狀態。在接下來的幾小時的大腦運動中，他身體中剩餘的能量找到了另外的發洩途徑。但是，對於孩子來說，他們的行為方式在每隔幾分鐘之後就必須轉換一下。在經過五分鐘的肌肉運動之後，他們就會感到疲倦。如果有五分鐘的休息時間，他們會很滿意。如果他一個人去坐搖搖馬，玩一會就會感到無聊。他會走到你的面前，要你給他講個故事。在聽故事的過程中，他的肌肉得到了放鬆，而能量則繼續透過大腦組織的活動得到消耗。如果你的故事太長，他的大腦也會因此感到疲倦。為了繼

續消耗能量，他們本能地把身體的能量轉移到肌肉運動中去，於是他又要到處活動了。

如果他在玩搖搖馬的時候，周圍還有許多朋友一起遊戲，他似乎會將這種身體活動維持一段相對長的時間。實際上也確實如此。因為他會不斷地停下來和同伴說話，讓他的肌肉得到短暫的休息。而在談話的過程中，能量又從大腦的思考活動中得到了消耗。

我們不能因為孩子的行為看上去變化無常就去責備他們。對孩子來說，不斷變換行為方式是一種需求，這也決定了他們無法透過單一或是持續性的活動來消耗能量。因此，不能妄想讓孩子從玩耍中取得積極有效的結果。

3‧ 在了解了孩子的心理法則之後，父母和老師制定 的計畫、安排必須要符合孩子的這種行為規律

我們對孩子任何行為，特別是心理活動的限制時間，必須是短暫的。他們必須要不斷地變換身體的活動方式或是心理的活動方式來釋放能量，這其中夾雜的情感也是會不斷變化的。因此，對孩子這些行為的容忍，是一種必需，而不是對他們的一種放縱。玩耍的地位必須要提升到與讀書一樣高。這不僅適用於年輕人，同樣適用於所有年齡層的人。在我們國家的最高學府確立了一些合乎人性的條例，這些條例為學生彌補了這一點。但是，母親常常對孩子這樣的行為感到不解，因為她們對孩子這樣做的意願和必要性一無所知。而要實現這一目標，一個最安全，最適宜的途徑就是讓孩子可以全身心地釋放出自身

的能量，同時又不給別人造成不便和傷害。當然，這不僅需要
母親充分發揮自己的聰明才智，也需要母親在執行時保持小心
謹慎的態度。當母親明白自己的孩子不斷地活動，甚至有時喜
歡喧鬧或發出噪音，這些都是孩子的正常表現時，她將會深受
啟發：孩子發洩這種日漸累積的能量的行為不應該被指責和限
制，而是應該得到指引。

第 14 章
孩子的想像力

第14章　孩子的想像力

在上一章中，讀者可能會獲得這樣的暗示：人體內產生的一部分能量是可以透過肌肉的活動、大腦的思考或其他的心理活動得到釋放的。

現在，所有的有識之士都已在這一點上達成一致：在與具有生命物質系統的相連中，心靈以一種神祕的方式，透過物質器官來完成某一心理行為。例如，我們都知道，情感就是透過感覺器官來形成一定的印象的。要維持這些心理器官的活動，我們就需要消耗一定的能量。

人們一直抱有這樣的想法：心靈不僅可以透過物質器官來記住或是形成想像的畫面，還可以對光線和聲音產生感覺。情感和思想是否具有認知能力而能夠獨立存在？思想和感覺是否具有無形性？這些功能在特定的情形下所具有的性質，遭到了人們的質疑。但是這些功能並不會因為人們的質疑而受到影響。

▌父母要努力使孩子的想像力之樹茁壯成長

如果這是一個正確的結論，將會讓我們對以前難以解釋的一些事實，有一個真切的認知和了解，如兒童在玩耍時的心理狀態；他們天馬行空的幻想以及各種自欺欺人的想法；他們在聽到一些驚奇或是不大可能發生的故事、發音古怪的字母或單字時獲得的樂趣；他們好動的性格和愛扮演一些人物（將沒有生命的物體擬人化）的興趣；他們喜歡超脫於物體本身之外，在腦海中創造出只有他們自己才能想像和理解的事物。這些都

是尚處於初始階段的功能，因為他們感知到了事物的存在，從而獲得了一種雀躍和快樂。這就如同肌肉運動及其他的行為，都是源於消化的食物中所具有的能量，然後受此驅使而產生的。因此，在孩子心理行為的活動中，與玩具娃娃的對話，自己想出來一個不大可能的神話故事，把木馬當作奔騰的駿馬等等，這與很多處於成長期的動物（小羊或是小牛）四肢肌肉運動時產生的愉快感覺是很相似的。正是這股能量讓他們體內的一些器官產生了越來越重要的作用。這股能量在任何能夠滿足釋放條件的器官之間不斷流動。正是這種流動使身體的各個機能得以處於正常的運作之中，處於一種各司其職的狀態。

我們在看這個問題時會發現，許多孩子表現出讓我們驚嘆的能力，有時甚至超出我們的理解範圍。例如，在談到人類最高級的功能時，一般人想到的會是人的想像能力。如果按時間順序來排，這種能力應該在心智完全發育成熟之後才會展現出來。而事實上卻並非如此，這種能力是最早出現的。孩子幾乎生活在一個理想的世界，他們的悲傷、快樂、恐懼在很大程度上是由一些幻覺或是影響來決定的。這些幻覺和影響是因為他們與周圍事物的關係不密切而產生的。而事實上，他們自己所感知的事實要比事情本身的原貌產生更大的影響。

誠然，在一個適度的範圍內，孩子越小，他們就越受制於想像的力量，他的心靈就越容易透過一些管道受到大人們的影響。在他們還年幼時，是難以區分真正存在的事物和他們心靈幻想出來的鬼怪的。只有當他們的閱歷變得豐富，加上認知能力有了較大的發展之後，他們才會漸漸明瞭兩者之間的界線。

但想像力並不是在我們身心發育成熟時才會顯現,而是在很早的時候就已經存在的。心靈的發展讓孩子意識到現實中的那些玩具娃娃並不是一個活生生、可愛的東西,而是一個與想像完全不同的東西。現實和想像的交織以無數種不同的方式呈現在這個小傢伙面前。

我們要做的,是應該珍視在他們能力範圍內所能展示的最美好的行為。也就是說,透過這些與身體持續不斷地連結,孩子的心靈功能會不斷地完善,不斷地發展,並最終成熟。同樣,透過合理的鍛鍊,肌肉也能達到這種程度。

從這些事實中,我們可以看出,對孩子這些尚處於萌芽階段功能的發揮,父母應感到高興和鼓舞。他們可以透過建立一些途徑來接觸並最終影響孩子的心靈,特別是透過發揮孩子們豐富的想像力這一途徑。當我們適當利用這一點,就會發現在傳授知識時,這種力量甚至能夠發揮出一種魔力,這確實充滿了吸引力和誘惑力。父母在教育小孩的過程中,假如一直都採用直白、單一的形式,孩子將會對此感到無聊、枯燥。這裡闡述的要點可以透過下面的一些例子得到證明。

▎父母促進孩子想像力發展的幾種方法

母親可用的一種最早、最簡單的方法,就是與圖片中那些代表著人物甚至是動物的形象展開對話,使孩子的想像力得到充分發揮,這會讓他們感到很高興。孩子坐在母親的腿上,她拿一幅畫給孩子看。我們假設,畫的內容是一個小女孩手中捧

著一本書。母親可能會編出這樣的故事 ——

「小女孩，妳要去哪裡啊？」

「我要去上學啊。」（母親換了一種代表女孩的聲音和語調）

「啊，妳要去上學啊！妳看起來年紀還很小啊，沒有到上學的年紀啊。妳在學校裡的同桌是誰啊？」

「喬治‧威廉姆斯。」

「喬治‧威廉姆斯？他是一個好男孩，而且對妳很好。有他當妳的同桌，妳一定很開心吧。」

就這樣，只要孩子還有興趣繼續聽下去，母親就可以這樣一直編下去。

母親還可以編出這樣一個故事。

「小女孩，妳叫什麼名字啊？」

「我叫露絲。」

「真是一個好名字！妳住在哪裡啊？」

「我住在樹下的房子裡。」

「啊，我看見那房子了。妳的房間在房子的哪個位置呢？」

「窗戶打開的那間就是我的房間。」

「我看見了。那妳的房間裡都有什麼東西呢？」

「在我的房間裡，有一張床，窗前有一張桌子，在桌子上擺放著我的娃娃。還有一個專門用來裝娃娃衣服的搖籃。我還

第 14 章　孩子的想像力

有……」

　　母親可以按照這樣的方式繼續講下去，詳細地描述著露絲房間內的各種東西。這會讓她眼前的這位小傾聽者感到興致勃勃，內心愉悅。

　　對於一些尚處於啟萌階段的大腦器官組織來說，上面的這些都是很有趣的嘗試。這樣做，可以在孩子的腦海中形成一種不自覺的想像，想像母親描述的不真實的場景。對於孩子而言，這是他們樂趣的來源之一。

　　孩子在看著一張動物圖片時，腦海中可能會想像出一連串有趣的對話，他可以從中感受到樂趣。母親透過講故事這種方式，或是其他不同的途徑，可以使孩子的心靈機能重新又處於一種積極運行的狀態。例如，母親拿著一張松鼠的圖片說 ——

　　「這是一張小松鼠的圖片，我要問一下牠住在哪裡。小松鼠，小松鼠，停一下好嗎？我想跟你說幾句話。你可以告訴我，你住在哪裡嗎？」

　　「我住在洞穴裡面。」

　　「你的洞穴在哪裡呢？」

　　「在後面樹林的那塊大木頭下面。」

　　「哦。」母親開始對孩子說：「我看見那塊木頭了，你看見了沒有？用你的手指去摸一下那裡。」

　　她又換成對小松鼠講話的語氣：「小松鼠，那裡應該有一個洞穴啊，但是我看不到啊。」

　　「不是那個啊。我指的不是你在圖畫中能夠看到的任何洞

穴。我把它挖在地下隱蔽的地方了。」

「我希望能夠看見它，我更希望能夠到你的洞穴中一探究竟，看看裡面都有些什麼東西。」

「小松鼠，你在洞穴中都藏了什麼東西啊？」

「在那裡，我有一張桌子，還有我的小松鼠兒女。」

「你有幾個小孩呢？」……

就這樣，只要孩子還感興趣，母親就可以這樣一直講下去。

顯然，這種類型的對話，採取的是間接的形式，但是可以在許多問題上給孩子以教育。而利用這種有效的方法也可以培養和樹立孩子的責任感。對母親來說，這是一種相對容易和簡單的方式，而對孩子而言，這是充滿吸引力的過程。

小孩總會不斷地跑到母親面前，要求母親講故事。但是，如果母親的手頭上沒有故事，也無暇去編造一個故事。那麼，在這種「緊急」情況下，下面這一招可以說是屢試不爽。

「好的，」母親回應了孩子的請求。「我可以給你講一個故事，但我要有一張圖片，才能講給你聽。你現在去從書中找一張圖片出來吧。」

孩子馬上從書中找到一幅畫。其實，不管孩子拿來的是什麼圖畫，一個心智正常的大人在看見一幅畫的時候，一定都能說出幾句逗小孩子開心的話。舉一個極端一點的例子吧。假設一幅圖片中只畫著一個郵筒，而旁邊空無一物。你可以這樣想像，在郵筒後面躲著一個男孩。然後，你可以問他問題，從他

口中得到回答。你還可以問他在玩什麼遊戲，在躲誰，他的朋友還有其他的玩法嗎。或者你也可以直接向郵筒發問，問它從何處來，是誰把它放在那裡，為什麼要放在那裡……像這樣的對話，不僅可以讓孩子暫時感到快樂，同時也讓孩子的好奇心得到滿足。在這一過程中，他還可以獲得許多有用的資訊，這將有助於他身心機能的發育。

或者，你也可以問一些例如郵筒是否還有什麼遠親之類的問題。它可能回答說，自己還有許多「表弟」、「表妹」啊。有一些「表弟」住在城市，人們稱其為「照明柱」，它的任務就是為過往的路人提供燈光。郵筒還有一些高高矗立著的「表妹」，它們高舉著通訊電線，讓資訊可以從世界的一個地方傳到另一個地方。就這樣，母親可以不斷地將故事編下去。如果父母們對這麼一個單調的郵筒都能進行這樣大致的、輪廓上的描述，那麼無論小孩拿出什麼樣的圖畫，父母都能從容應對，而不會束手無策。

1 · 將無生命物體擬人化

許多母親會馬上意識到，任何無生命的物體都可以用這種方法來進行擬人化，所以任何沒有生命的物體都可以被說成是有生命和智慧的物體。我們假設，你的孩子生病了，有點發燒，這讓他感到焦躁不安。你在為他整理衣服時，衣服上的針不小心刺了他一下。這一刺使孩子原本就敏感的神經系統受到刺激，孩子感受到的痛感也讓他變得更加惱怒和暴躁。在這個時候，如果你告訴他不要暴躁，沒有必要去理會這個小小的

針，這樣的勸告幾乎是沒有用的，定會收效甚微。你可以用前面闡述過的那種方法去做。

母親可以說：「針刺到你了嗎？我會把這個該死的小混蛋給找出來。我要看看它是如何為自己辯護的。啊！我找到它了。我會緊緊地握住它，放在腿上，讓我們聽聽它有什麼話要說。」

「我的小刺針，告訴我，你叫什麼名字。」

「我叫大頭針啊。」

「你叫大頭針，對嗎？你的身體好亮啊，你是怎麼讓自己變成這樣的？」

「哦，是人們在製造我的時候，把我變得這樣光亮的。」

「嗯，那人們是如何把你製造出來的呢？告訴我們吧。」

「他們是用機器把我製造出來的。」

「機器？！這聽起來好有趣啊！他們是怎樣用機器把你製造出來的？」

「首先，機器會把一段很長的金屬線截斷，在機器的不同構件裡，進行不同的加工工序。我被弄得筆直，難道你沒有注意到我的身體很直嗎？」

「是的，你的背的確是挺直的。」

「然後，我到了另一道工序，他們把我的頭截掉；再到另一個工序中，他們把我的針頭磨得尖銳。然後，我就被拋光，最後鍍上了一層美麗的銀白色，使我看起來亮亮的。」

第14章 孩子的想像力

　　這樣的對話，如果母親願意，可以一直編下去。她還可以講述大頭針的一系列奇遇，最後才出現在孩子的生活中，而它還要為紮到這個可憐的小傢伙而負責呢！在孩子生病時，母親的這種做法更能安撫這位小病人緊張不安的神經，讓他的心靈恢復到一種鎮靜和休息的狀態。而有些母親則採取一種讚揚孩子的耐心和好脾氣的普通做法。相比來說，前一種方法的效果可能會更加有效。

　　這裡提出的建議，有些母親可能會草率看待。但是如果無法果斷、持續地運用這些方法的話，它們將在多大程度上讓孩子享受到快樂，這種實際價值母親可能是無法得知的。其實，假如母親能夠努力去作嘗試的話，她一定會發現，在她第一次嘗試之後，受到的鼓舞將會使她不斷堅持下去。

　　更為重要的一點是，孩子是無法僅靠母親的憑空想像來獲得愉悅的，所以一定要將母親的想像融入到孩子的所想之中。如果你的女兒正在把玩手中的玩具，你可以暫時停一下手中的工作，然後當著孩子的面，以一種嚴肅而認真的方式向玩具講話，把玩具看成是一個有情感、有生命的人。如果你的小兒子正在花園裡騎木馬，而你正在整理花園，你就可以認真地問兒子，他最欣賞馬的哪一點，是否願意把牠賣了，馬是否會咬人，馬是否曾從牧場中衝出來。或是告訴他，騎馬的時候不要太快，在馬的體溫較高的時候，不要餵牠燕麥等。孩子馬上就會以一種最認真的態度參與這一談話。因你維持了他的這種幻想，所以他玩耍時得到的樂趣也得到了大大的提升。

　　運用這一方法，可以暫時增加孩子所感受到的快樂。這種

方法可以使你走進孩子的心靈，雖然這種「走進」只能持續很短的一段時間。但是，這種方法將有助於在你和孩子的心靈之間建立起一種更為牢固的感情和認同的紐帶。與其他的方法相比，這種方法可以讓你和孩子連繫得更加緊密。事實上，在許多例子中，一些最重要的道德課程的展開都採用這種與孩子的幻想相連的方法，這確實是一種很合適、很有效的方法。

對那些在孩子面前沒有權威，而又需要對孩子施加影響的人們來說，如果他們能掌握利用孩子想像力的方法，那麼收到的效果將是難以估量的，而資料更是取之不盡的。還有許多母親仍在沿用老一套的教育理念，堅持棍棒出孝子的腐朽觀念，但實際上這是不會讓孩子順從的。她們會驚訝地發現，一些叔叔、阿姨、哥哥、姐姐，甚至是暫時的來訪者，卻可以透過一些看似輕柔、默默無聲乃至無法察覺的方式在孩子心中樹立起權威，這在她們眼中是充滿神祕、魔幻性質的。實際上，在很多情況下，與孩子的父母相比，這些來訪者在孩子心中是沒有什麼實質性的權威可言的。他們本著一個好的出發點，為孩子的幸福和快樂著想。在這個時候，有些母親會忍不住地問：「這其中究竟有什麼奧祕呢？你從不懲罰、從不責備孩子，但是他們卻更聽你的話。」

許多不同的方法可以互相結合著使用，以求在孩子心中建立起權威。在這些方法中，運用孩子的想像力可以說是最重要的方法之一。

2・玩具：啟發孩子的想像力之橋

　　一位年輕的女教師在從學校回家的途中，發現幾個孩子在院子裡玩耍。但是他們因為玩具娃娃而捲入了一場激烈的爭論之中。在這種情況下，許多父母的第一反應是讓孩子閉嘴，然後好好地教訓他們一頓。大多數母親會採取一種友善而柔和的態度和方式去責備他們，告訴他們這樣的爭吵是愚蠢的，告訴他們根本不應該為這件事而爭吵。同時，母親們還要告訴孩子，由爭吵引發的憤怒情緒是會令人難受的，縱容這種憤怒是愚蠢，也是一種罪惡。

　　在這種情況下，母親的這種友善、柔和的責備，無疑是正確的選擇。在這之後，孩子至少不會像以前那樣習慣性地被捲入類似的爭吵之中。隨著時間的推移，母親的這些忠告不斷地

重複，孩子的這類錯誤就會慢慢地減少，直至消失。但是，在最初時，孩子卻無法接受母親的這種做法，他們會感到很不是滋味，可能會帶著悶悶不樂的情緒靜靜地聽著母親的說教，即便母親是以友善、親切的方式給予他們忠告的。

但是，我們也可以不用這種直接的、近乎赤裸的方法來處理這件事，那麼收到的效果也許會更好。前面說到的那位老師就是利用孩子的想像力，間接地給予了孩子忠告和責備。她透過孩子手中的玩具娃娃達到了這個目的。她把娃娃拿在手裡，然後問孩子娃娃們叫什麼名字，然後又問這兩個娃娃的「母親」是誰。孩子們告訴她，這兩個娃娃的名字分別是貝拉和阿拉米塔，而它們的「母親」則分別是露絲和瑪麗。

「我要問一下阿拉米塔，」老師把叫做阿拉米塔的娃娃放在面前，然後開始想像，與它進行一段很長的、天馬行空的對話，虛構的程度則主要取決於老師的才能和創造力。但是，需要注意的一點是，老師虛構的這個故事，一定要能夠完全吸引孩子們的注意力，占據他們的心靈。她問了每個「娃娃」的名字，還有它們的「母親」的名字是什麼。「娃娃」在回答的時候，手指著自己的「母親」。老師這樣做，是要在孩子的心中樹立起這樣的一個概念：這些玩具娃娃是有生命的物體，它們也要為自己的言行負責。

這位老師可以繼續講下去，以一種潛移默化的方式，告誡、教育孩子們這種爭吵是錯誤和愚蠢的。我們會發現這種方法可以對孩子的心靈產生更加有效的影響。儘管，這位老師可能會嚴厲地指責娃娃，但是，實際上受教育的孩子卻不會因此

產生任何不安的情緒。我們之所以說上面這種方法行之有效，這是因為老師總是以一種妙趣橫生的方式為他們講故事，她並沒有引起孩子內心的不滿和憤怒。

讓我們看一看這位老師到底是怎麼做的。

「你們真的很漂亮，」這位老師跟娃娃說話，「你們看起來真可愛。」

然後，她轉過頭面向孩子，以一種祕而不宣的低沉語調問到：「它們倆會不會互相爭吵？」

「有時會的。」其中一個孩子說。聽到孩子的話之後，老師馬上「順水推舟」。

「哦！」老師轉過頭面向娃娃。「我聽說你們有時會爭吵。我聽到之後感到很難過。這是很愚蠢的做法。只有那些傻乎乎的孩子才會這樣做的。我從來沒有想到像你們這樣乖的孩子居然也會這樣。以後你們要互相包容、彼此友善。如果你們其中一個人對另外一個人撒謊，你們也不要爭辯，就讓它隨風而逝吧。假如你們為此爭吵，那是愚蠢透頂的。同樣，如果你們兩個其中的一個人擁有對方沒有的東西，另一個人最好慢慢地等待，而不要為此爭吵。爭吵是讓人很討厭的事，當小孩子爭吵的時候，他們看起來就像發怒的小獅子，這會讓原來可愛的孩子變得醜陋起來。」

這位老師可以繼續說下去，以略帶嘲弄的語氣給這兩個娃娃上一堂長長的道德課。孩子們則會很認真地聽著這些。與直接責備的方式相比，這種方法顯然是技高一籌。

事實上，在整件事中，這種帶有遊戲性質的方法會使孩子的心靈處於一種能夠接受建議的狀態。在這時，即使是很直接的勸告也會變得較容易被孩子接受。就如這位老師採取的方法，在結束的時候，她以同樣嚴肅的語氣來作為幌子，對孩子說：「這對妳們來說真的是一個很大的難題啊，十分大的難題啊。妳們會發現爭吵這個缺點是很難改正的，所以，妳們在這個問題上必須要給它們倆更多的建議。而最重要的是，妳們身為它們的『母親』，首先一定要做出一個好的榜樣。孩子總是願意模仿母親的行為舉止，而不管這些行為的好壞。所以妳們要能夠保持彼此友好、互相關愛的關係，如果這種關係惡化了，它們也會效仿，關係也會惡化。」

在說完這些建議之後，一位精於觀察的母親會發現，孩子對玩具娃娃所表現出來的興趣以及對待娃娃的「現實感」，無疑為母親向孩子的心靈施加影響打開了一扇無比寬敞的大門。

【家教實例 I 】—用籃球來培養孩子的細心

善於教育孩子的父母，可以利用孩子豐富的想像力來培養孩子的道德觀念並影響他們的行為。我們假設，一個男孩有了一顆新的籃球。當他正準備出去玩時，爸爸從他手中把球拿了過來，然後仔細檢查了一番。爸爸把球轉了一圈，仔細地觀察球的表面，隨後把球放到自己的耳旁。孩子就會問爸爸在做什麼。

「我在聽這個籃球在說些什麼。」

「那它都說了些什麼？」

「我問問它。」說著，爸爸再次把球放在耳旁。

「爸爸，它說了些什麼？」

「它跟我說，它要遠離你，而且還要躲藏起來。它說你一定會到附近的建築物周圍玩耍。它的意思是，當你打球的時候，它可能會撞到窗戶，打碎玻璃。這樣，人們就會將球從你手上拿走。」

「但是，我是不會在靠近窗戶的地方打球的。」

「它說，無論如何，你都會在附近的建築物周圍打球。當你打球的時候，它就可能飛到屋頂或是落入煙囪裡，當然，也有可能掉進下水道裡。」

「爸爸，但我絕不會在附近的建築物周圍打球的。」

「但你還是會在有洞坑的地方，或是在附近茂密的樹林玩球，這樣，可能就會找不到球。」

「爸爸，我向你保證，我絕不會在那些地方玩的。我一定會事先好好檢查一下地面，在沒有任何危險的地方打球。」

「好的，我們拭目以待，但是，這個小傢伙看來是鐵了心要躲起來。」

男孩從父親手中拿過球，自己出去玩了。父親的這種教育方式，無疑會讓男孩在打球的時候更加小心謹慎。

【家教實例 II 】—老師與難劈的木頭

有幾個男孩正在鋸一塊木頭，用來生火。在休息的時候，一位老師去看看男孩子們的進展如何。他發現男孩們選擇先劈容易劈的木頭，而將那些難劈的木頭放在旁邊。老師問他們為什麼這樣做。男孩們說他們沒有能力將這些木頭劈開。

「是的，」老師看著那些木頭說，「我之前見過這塊木頭，它的名字叫做老當益壯。它說它一定不會讓一群小男孩把自己劈開的，即使你們用木槌也不行。只有一個真正的男人才能把它劈開。」

幾個男孩聽了老師的話之後，神色嚴肅，看著這塊木頭。

「它真的這樣說嗎？」一個男孩問。「喬，讓我們再試一次看看。」

老師說：「沒用的，除非它自願，否則你們是絕對不會劈開它的。在木頭裡還有另外一種東西，叫做堅不可摧。如果你能夠破開到那一層，你們就會發現那裡全是錯綜複雜的裂片。把它劈開的唯一方法，就是要用一把極為鋒利的斧頭。但它的質地是那麼緊密，我想你們是沒有這個能力把它劈開的。它說過了，它一定不會向一群小孩低頭的。」

說完之後，老師就走開了。過了沒多久，一個男孩就跑去叫老師過來看「老當益壯」和「堅不可摧」── 它們已經完全被劈開了。男孩們站在劈好的木頭上，臉上洋溢著勝利的興奮和喜悅。

心理的活動可以緩和疲勞的肌肉

姐姐正在與四歲大的約翰一起散步。約翰一路上忙著採集花朵，追逐蝴蝶，在距離家還有 500 公尺的地方，約翰感到疲憊不堪，他回到姐姐的身邊，說自己再也走不動了，語氣顯得疲倦而無奈。他希望姐姐能夠背他回去。

姐姐說：「我是不會背你的，但我會告訴你，我們需要怎樣做。在到達一個『客棧』的時候，我們可以停下來休息。你看到大路的轉彎處凸出來的大平房嗎？那就是『客棧』了。你就是我的信使。一個信使的任務就是騎著馬，全力前行，去通知客棧的主人，有旅客要來了，要他們準備好豐盛的酒菜來款待客人。所以，你應該盡快地跑到那裡。當你到達那裡的時候，你就可以告訴客棧的主人，公主馬上就要大駕光臨了，讓

他們一定要準備好晚餐。」

約翰聽到姐姐這樣說之後，飛快地往前跑，然後早早地等在那裡。當他姐姐到達的時候，兩個人休息了一下。姐姐編造了一段與客棧主人的對話，約翰非常高興，接著他們又往前走了。「現在，你必須繼續當我的信使，把這封信送到『郵局』那裡。你看見前面的那個柵欄了嗎？那裡就是郵局了。柵欄的裂縫就是信箱口。」姐姐從口袋中拿出一些廢紙，並將它們折疊成信封的模樣，「把這封信送到信箱那裡，然後你可以和郵差講話，讓他盡快把這封信寄出去。」

在這種情形下，除非約翰真的已經筋疲力盡，否則，他的疲勞感會很快就消失的。他不僅不會對此有任何的怨言，而且會感到十分快樂。對這種現象的解釋是，身體中的能量透過神經系統直接作用於肌肉；當已經傳達的能量耗盡之後，感覺和想像的器官又以一種神祕的方式傳來了新的能量，實現能量的補充。

上面的這些小例子，都是為了說明這些原理是可以透過很多種方式實現的。無論是對父母還是對老師來說，掌握這一方法就可以產生積極有效的成果。但是，人們還是必須在實踐中才能真正掌握我們在這裡講到的一些原理。我們本章所作的總體概述，也只不過是提出一些意見，讓各位讀者更容易邁出第一步。

第 15 章
真話與假話

　　在對這個問題進行認真審視之前，我們會認為，對人講真話，是世界上最簡單的事情。但是，當我們發現孩子根本做不到誠實時，我們會感到驚訝，覺得他存在某些道德問題。但是，倘若我們稍微認真地思考一下就會發現，事實並非如此。我們會問，什麼是「要盡到講真話的責任」？其實很簡單，就是我們有責任讓自己的言語和它們所預指的現實相互吻合。當然，這只是一個大概上的說法而已，也會有例外的時候。但是，出現這種例外情況的「許可條件」又非常的複雜和難以理解。如果孩子對此能有足夠的了解，那實在是父母的一大幸事。

讓孩子講真話是父母的責任

　　當孩子第一次學會運用語言時，他們會驚訝地發現，原來，他可以使用語言來代指他看見的任何外在事物，或是用語言來描述在他腦海中閃現的念頭。他會發現，語言器官形成和發出的聲音，也具有相當的威力。也就是說，語言可以代指現實中和虛構中的東西。所以，當他說出「我看見一隻小鳥」這句話的時候，這其實可以是描述他腦海中的一個念頭，也可以是描述確實存在的實體。但是，受到自己的本能、直覺和有限的道德感的限制，一個孩子很難分辨出自己所說的話，在什麼時候是適合的，在什麼時候又是錯誤的。

　　事實上，孩子自己或是其他人發出的聲音，在進入他的聽覺系統之後，都會喚起一些生動的畫面或是閃過一個念頭。對

他來說，這是一件奇怪而又美妙的事情。儘管他日後會慢慢對此有所覺察和了解。在對此有了逐漸深入的了解之後，孩子會擴大這種行為的範圍和方向，為自己帶來源源不斷的樂趣。人們所說的話或是想到的畫面，都要與現實存在的真實相一致、相吻合，這是我們整個社會所要求的，是維繫人與人之間關係所必需的。如果我們不對孩子進行這方面的教育，他們是不可能明白這一點的。

　　因此，我們既不能要求一個孩子僅憑自己的本能、直覺或是尚處於萌芽階段的道德感去達到上面的這些「必需的要求」，也不能採取講道理的方式，讓理解力較低的他們接受這一點。但是，即使孩子透過一些途徑能夠嘗試著接受這種觀念，他的內心深處還是會陷入一種困惑之中。因為，就孩子的觀察能力來看，他周圍的一些人的言行和實際行為可以說是相去甚遠的。

什麼是真的，什麼是假的：孩子真的不明白

　　例如，一位母親把自己四五歲的兒子抱在大腿上，講故事來逗他開心。母親一開始就這樣說：「當我還是一個小男孩的時候，就一個人住。我把自己得到的麵包和乳酪都擺放在架子上……」就這樣，母親的故事講完了，她的目的達到了，她的兒子很開心。孩子消化了進入聽覺系統的聲音，他對母親所講的故事表現出極大的興趣。他的腦海中勾勒出一幅母親描繪的畫面：一個獨自生活的小男孩，能夠把麵包和乳酪放在架子

第 15 章　真話與假話

上，最後還能用單輪車把他的「奶奶」送回家……這個故事的結局是單輪車發生了一場災難。孩子並不能系統地思考這些問題。但是母親的故事已經在他的腦海中形成了如此鮮明而又奇怪的畫面，這讓他感到很高興。

假如，在他腦海中對此有什麼不成熟的想法，他會意識到，媽媽的故事在他心中喚起的畫面與現實並不吻合，媽媽所說的並不是真實的。他首先會想通的一點就是媽媽不是一個男孩，也從來沒有一個人獨自生活過，更沒有把麵包和乳酪都放在架子上。如果他能理解整個故事，他就會明白，單輪車的災難以及這整個故事，都只不過是媽媽為了哄他開心而編造的。

不久，媽媽給了他一塊蛋糕。他拿著蛋糕跑到花園裡玩耍，姐姐也在那裡。姐姐要他分一半蛋糕給自己。他覺得應該分一半給姐姐，但是他猶豫不決，掙扎了很久，最後決定不把蛋糕分給姐姐，而是自己一個人獨享。

當他從花園回到屋子裡時，媽媽不經意地向他問起關於蛋糕的事情。他會說自己把一半的蛋糕分給姐姐了。這時，媽媽就會馬上露出滿意的笑容。其實，他這樣說只是為了讓母親感到開心而已。小男孩說的話並不符合事實，而只是一個在他腦海中閃過的念頭而已，男孩這樣說是為了讓他的媽媽感到高興。所以，在很大程度上，這個例子和媽媽講的那個故事在意義上幾乎是完全一致的。媽媽講那個故事是為了給孩子帶來快樂，而男孩所說的謊話也只是為了要讓媽媽感到高興而已。讀者可能會覺得驚訝，把這種觀念灌輸給孩子絕對不是一種正確和合適的教育方式。

正如上文所說的，孩子這樣做的目的是為了免於遭受母親的責備，獲得本不屬於自己的讚揚。我們這些成年人當然可以對孩子這種行為的動機進行比較詳盡地分析。我們會發現這其中的動機其實是錯綜複雜的。但是，男孩不具備這種分析能力。他無法對這件事進行分析，也無法理解自身行為的最終目的；他也無法做到當衝動被激起時，從一些複雜的頭緒中去找尋一些線索。在上面所講的例子中，我們可以合理地推測，他腦海中浮現的只是一種本能的認知。正是這種認知讓他意識到，如果他說自己一個人把蛋糕全吃了，將會讓媽媽皺眉頭、面露不悅，甚至責備他。但是，如果他說自己把一半的蛋糕分給了姐姐，媽媽則會馬上感到開心、高興。這是他這種年齡層所能理解和預見的全部。他的心理器官仍處於發育階段，因此，我們不能對他抱持太大的期望。所以，如果有人問他，在當時是什麼驅使他做出那樣的行為，他會說，這樣做只是想讓媽媽感到高興。至於孩子這種行為的深藏動機，或者說是最終目的，確實潛藏得太深了，他自己對此是沒有絲毫察覺的。我們成年人也常會因自私這種深藏不露的衝動影響自己的行為，而自己對此卻毫無察覺。但是，我們往往會因為孩子的無知而嚴厲地責備他。

最後，當姐姐走進來時，孩子的這個謊話才被戳穿。媽媽要他對自己這種行為負責，面對媽媽義正詞嚴的態度，他感到震驚和不解。

男孩是如何看待這件事的呢？

儘管這兩個例子存在明顯的相似之處，但是我必須要承

認，這種相似之處是表面而膚淺的。問題的實質在於，在孩子獲得適當的教育之前，他無法準確分辨出在何時何地應該說出什麼話，才能與現實嚴格的吻合，我們不能因此而去責備他。孩子們用語言描繪腦海中呈現的畫面是否與現實相吻合，當孩子們不再對這一問題感到困惑時，我們才不能原諒他犯的錯。

一位正在與孩子玩耍的爸爸說：「現在，我是一隻熊，我要咆哮了。」於是，他就開始學著像熊一樣咆哮了。然後他又說：「現在，我是一隻狗，我要吠了。」其實，孩子清楚地知道，自己的爸爸既不是一隻熊，也不是一隻狗。因此，即便是以他的理解力來看，都知道爸爸是在說假話，與事實並不吻合。這是一個無傷大雅的謊話，孩子也能明白這一點。在這種情況下，說假話並不是什麼錯誤。父母應該教導孩子在哪些情況下說假話是可以容忍的，而在哪些情況下說假話是錯誤的。在這之前，父母是不該因為這些事去責備他們的。

許多父母都會以很多不同的方式講假話，而且在講的時候面不改色，趾高氣揚，貌似極其真實，這會混淆孩子原先的觀念和道德感。例如，一位母親非常不喜歡一位客人。當她和孩子在一起時，她會表現得非常不滿，甚至是厭惡。但當客人到來時，出於禮貌，她又會堆起滿臉笑容，說自己很高興見到對方云云。有時，在一些特殊的情況下，父親也會透過對事實的一些錯誤解釋，或是以無害的虛假資訊來讓孩子與自己「同流合汙」，一起向孩子的母親隱瞞一些事實。而有時，母親也會以同樣的方式向父親還以顏色。這樣的教育方式，不可避免地讓孩子形成這樣的觀念：在一些情況下，說假話是情有可原

的。儘管有許多有識之士信奉這一信條，但這一信條卻會對人與人之間的信任構成致命的打擊。因為，當我們知道有人信奉這一信條時，出於某些自己也難以說清楚的原因，我們無法相信別人所說的話是真還是假。

讓我們將話題帶回到父母身上吧。有些父母在任何場合都不會說出一些與現實不吻合的話。在他們這樣的教育之下，孩子還是無法明白，到底在什麼情況下說謊話是錯誤的。直到犯了許多錯誤之後，他們才會逐漸明白這一點。當然，也有不少人在很小的時候就懂得了這一點。許多例子顯示，孩子在接受了這方面的教育之後，對這一責任，以及其他方面所應擔負的責任的確比之前有了更深刻的了解。有些孩子會在很小的時候，就對說真話的責任抱有忠誠和嚴謹的態度。我們也經常會聽到有母親這樣說，她的孩子從來都不說假話的。但我們發現沒有任何人能說在他們小的時候沒有說過假話。

▍孩子很難區分想像和記憶

孩子會用言語來描述他們腦海中的畫面或是想像的事物。但是對於記憶和想像之間嚴格的區別，他們很難掌握。這對孩子來說，又是一個很難解決的問題。其中的一個巨大的困難就是，在孩子看來，現實和他們的幻想之間的界線是很模糊的。這是人們很少考慮到的一點，父母們對此也不甚了解。即使是我們也常會出現將這兩者混淆的情況。我們要經常停下來仔細地想一下才能分辨出我們所感知到的心理概念究竟是什麼？是

第15章　真話與假話

對現實的記憶，還是之前就存在於我們腦海中的一些畫面的重現；是在很久之前讀過或是聽過的生動描述，還是自己天馬行空的想像？「這是真的嗎？還是我夢到的？」我們常常可以聽到有人發出這樣的疑問。在法庭上，人們必須要對親眼目睹的事實作真實的證詞。但是事實上，人們做出的證詞卻極有可能是他們腦海中存在的另一些畫面。可能因為這些畫面過於生動、清晰，以至於他們在目睹了類似的事情之後，這些畫面就會在他們的腦海中泛起。

　　腦海中呈現出的畫面有時會混淆，我們不應該對此感到害怕。因為我們能夠在大體上做出清楚地區分，而自己也無法解釋是如何區分它們的。例如，在腦海中回憶起一座房子失火了的場景，消防員爬上樓梯去營救窗前的人們。這一畫面的來源可以有以下幾種不同的版本：

1. 親眼目睹過這一場景。
2. 有人給我們生動地描述過這一畫面。
3. 在寫作過程中虛構出來的。
4. 可能夢見過這一場景。

　　我們回憶起的畫面可以有以上四種可能的原型。在很多情形下，回憶起的畫面，能夠讓我們立即清楚地辨認出哪一種才是真正的原型。我們腦海回憶起畫面中的一些東西，是作為之前出現過的畫面的重現或重複。這可以讓我們分辨出這一畫面出現的原因：是我們親眼目睹的，還是其他人口頭、文字上的描述，抑或是我們在睡夢中的天馬行空而已。但要很精確地說出我們腦海中浮現的畫面的原型究竟是什麼，卻是一件很困難

的事情。我們可以輕描淡寫地說：「哦，我記起了。」但是，「我記起了」只是一句話而已。今天所發生的事情和昨天夢到的事情之間，存在著許多不易察覺的差異之處。透過這些差異，我們得以將它們進行區分。但即便對那些精神學家來說，雖然他們已經習慣了對人類的心靈活動和行為方式進行最密切的觀察，但是要說出其中具體的不同之處也是十分困難的。

父母如何教孩子區別真和假

現在，以孩子為例。他們的感知、感覺功能，也包括認知和辨別觀念、情感的不同之處的功能，這些能力都還處於不成熟的階段。其實，即便對於心智成熟的人來說，分辨出這些之間的不同之處也並不是一件易事，他們也常常會混淆彼此，就好比是一座巨大的迷宮，容易讓人迷路。在他們的心靈中，情感、概念、幻想、記憶等，這些都是交錯在一起的，並沒有嘗試要脫離彼此。他們的聲音器官不斷地受到衝動本能的驅使，所以會不斷地發出聲音。正是在各種有趣的玩耍中，孩子身體的各個功能器官得到了不斷發展。也就是說，他們從食物中攝取的能量，透過心理和身體肌肉的活動不時地找到了釋放的途徑。當然，在安排這些行為，並將它們系統化的過程中，想要在身體機能和能量之間建立起真正的關係，就要把能量的消耗控制在一定的範圍內。要做到這一點，需要一個過程。想要取得成效，並不能僅僅依靠孩子的本能和早期的直覺，同樣還需要父母的努力和堅持。在這一過程中，父母必須以堅定而又柔

第15章　真話與假話

和的教育和培養方式給予孩子指引，加上孩子身體的發育與自身經驗的累積，就可能取得成效。

如果這些觀點是正確的，我們可以大膽地得出以下幾個結論。

1. 我們不能指望孩子從一開始就懂得說真話的責任和義務，以獲得大人們的認可。地板上的兩個嬰兒，當他們朝著相同的玩具爬行時，不能指望他們會出於自身的本能而把玩具主動讓給對方。只有在成人社會中，不同的人承擔著不同的責任，人們才會被要求說真話。我們必須教會孩子說真話。同樣地，我們還要讓他們知道正義、平等權利等原則。一般來說，孩子會從自身的經歷中學到知識。也就是說，只有在他們違反了這些原則，受到大人們的責罵和批評之後，他們對此才會逐漸有所了解。但是，有思想的父母可以利用自己的知識，以一種輕鬆的、更為適宜的方式去教育孩子。

2. 當母親發現自己的孩子常常說假話時，也沒有必要對此感到過分的擔憂和煩惱，而是應該感到，自己必須更為迫切地讓孩子了解責任，並學會承擔責任。

3. 父母不能因為孩子說假話，就流露出不悅的神色，或是給予孩子非常嚴厲的懲罰。在很多情況下，孩子需要的是教導，而不是父母憤怒的表情和報復性的懲罰。這一點需要父母們時刻銘記於心。因為說假話而導致別人不再相信你，這樣嚴重的後果我們需要向孩子們解釋清楚。你一方面可以跟他講那些誠實的孩子的故事，然後再講一些經常撒謊欺騙別人的孩子的故事。最重要的一點就是要給予孩

子足夠的關心。當受到可能讓他說假話的誘惑時，孩子選擇了真話，我們應該對他的這種行為給予讚揚和肯定，你的舉動表現出對孩子的誠實性格的滿意和重視。這種做法比起父母的責罵的效果要好很多。孩子的心中會因此燃起對說真話的嚮往。在宗教層面上，我們同樣可以進行適當的考慮，即我們要鼓勵孩子獲得上帝的認可。當他能夠抵制住誘惑而堅持說真話時，我們應該給他鼓勵；在他犯錯時，切莫恐嚇他，說上帝要對那些說假話的孩子給予嚴厲的懲罰。對於尚未形成足夠分辨能力的孩子而言，這樣的懲罰方法是不合適的。

4. 我們在上面已經闡述過，父母絕不能因為孩子心智發育不成熟，辨別是非的能力還較弱，就對他們所犯的錯誤予以縱容，降低對他們的要求標準。因為這會在他們的內心形成這樣的觀念：說假話並不是什麼大不了的事情。有些孩子還會認為，在某些極端的情形下，講假話也是可以被理解和允許的。我們確實會說：「我們不能把真話全講了。」但要使這句格言更加完整，還要補充上「我們絕不說假話」。在人們心中，如果沒有這樣的一個信念，即「無論在任何情形下，都不能為了達到目的而說假話」，那麼，我們就不可能透過語言在人與人之間建立起信任感。

我知道人們對此會有不同的看法。他們會認為，在某些情況下，假話比那些難啃的真話要更有利於取得好的效果。我們也可以很容易發現，在自己周圍有許多人正是持這一看法的。但他們在說話時，已經失去了所有人與人之間互相信任的基礎。對於他們所說的話，我們無從判斷真偽。我們哪知道他這

第 15 章　真話與假話

一次是不是會因為權宜之計而說假話呢？

　　因此，我們必須要給孩子一段充裕的時間，讓他們的心靈慢慢地去領悟，克制住自然天性的驅使，使自己的語言符合事實，不為了獲得眼前的利益而說假話。在孩子犯錯的時候，我們要以一種柔和、仁慈的方式來對待他們，還要透過言傳身教來向孩子傳授這些理念，以最高的道德標準去要求他們。在任何情況下，我們都不能為了躲避邪惡或是獲得利益而說假話。說假話會摧毀人與人之間的信任基礎，一旦這種行為被合法化，那麼，沒有什麼是比這個更加不擇手段、更加邪惡的行為了。

第 16 章
孩子的判斷和理智

　　父母要求孩子舉止規矩，這是很沒有道理的。要求一個人對自己的行為或是願望負責，意味著父母要充分考慮到這種行為可能產生的長遠影響，而不只是受制於眼前的影響。我們要求孩子去考慮到其中更深層次的影響，這是沒有道理的。因為，他們的思考機能和對現實的理解能力仍沒有發育成熟，這些功能仍然處於一種萌芽或是形成階段。而在這些功能仍處於不成熟的階段時，要求孩子們去達成一些很實際的目的，就好像我們奢望一個嬰兒去進行一些有意義的活動一樣，是很不現實的。

▌心理成熟是一個漸進的過程

　　有時，當母親滿懷深情看著懷裡的嬰兒時，就會注意到，嬰兒好像是在盯著房間裡的某種東西，例如從窗戶射進來的光線、牆上掛著的畫等。母親會很好奇，她想知道嬰兒的腦海中到底在想些什麼呢？然而，事實可能是，嬰兒什麼都沒想，他只是呆呆地看著。也就是說，一個物體發出的光線進入了他的眼睛，會在他的感覺器官中形成畫面，僅此而已。而在前一天，在他的腦海中可能會產生一幅類似的畫面。在很小的時候，嬰兒腦海中是不大可能重現已出現過的畫面。所以，他的腦海中不會出現與之前發生的事情相連接的畫面，而且，在心理層面上，他也不可能就這兩者做出任何的比較。但是，對他的母親來說卻不是如此。看到今天的光線，她可能就會想到昨天的光線，然後，會在心理上對此作一番比較。情感和回憶會

從她的心靈中喚起許多思考。例如，一種新的燈油點燃後發出的光比普通的燈油點燃後發出的光要明亮許多，她就會想要把這種燈油應用到所有的燈上，還會向朋友推薦，以此類推。但是孩子卻不會有這麼多的思想，也沒有這樣做的衝動。因為，他的身體功能還沒有完全發育成熟。另外，他之前也沒有什麼情感的累積來讓他對某種物質產生什麼看法。他只能對當前某一刻的情緒有足夠的感知，僅此而已。

但是，隨著情感的不斷累積，嬰兒的心理功能就會慢慢成熟，我們經常說的「思想」也會慢慢地成熟。這在一開始，可能是一些對過往的記憶和對現在事情的看法交織在一起。這種交織以及由它所激發的各種心理行為將會隨著孩子心智的不斷成熟而漸趨增強。但是，與以往的記憶相比，現實生活中即時產生的畫面則更為生動、清晰，對未來也會產生更為深遠的影響。

當然，心靈對感覺器官真實感受到的感覺和事物狀態相關影響的感覺會逐漸增強，這在兒童時期和少年時期幾乎是相同的。換句話說，感覺器官和其他的心理功能都受到這些情感的控制。我們會理所當然地認為，這些功能是最早發展起來的。因此，在這些功能發育的初期，會對物體的特性產生直接、即時的感覺，這些對孩子的心靈產生巨大的影響。另一方面，在日常生活中，我們對事物深層次連結的影響或是一個行為具有的不明顯、隱含的結果的看法，被稱之為理智，而這種功能的發育也是很緩慢的。正是由於這個原因，人類的不成熟期要比低等動物長多了。這些動物的生命只是受到它們對物體特

性的感知，受到行為產生的即時結果所控制。只要它們的感覺和身體器官能夠正常運作，就可以說是到了成熟期。但是對於受理智控制的人類而言，他們所關心的事情有著更為深遠和全面的意義，因此需要一段長時間的思考才能獨立行動。因為必須要等到這些高級功能發育成熟之後，孩子對事物的認知才能更加廣闊。在這之前，他必須依賴於父母的理智，而不能擅自妄為。

父母對孩子判斷適合和正確的方向的這種能力，不要抱有太大的期望，正確的方法應該是替他們作決定。在與孩子相關的重要事情上，我們要運用自己已有的經驗和遠見給予孩子指引。這樣，父母就可以安心地培養孩子的思考能力和理智，而不是在孩子的身心還沒有發育成熟的時候，讓他們獨自承受過多的壓力；或理所當然地把一些重擔壓在孩子的肩上。總之，要像農夫看待小馬的力量一樣，父母們必須正確看待孩子的理智和判斷能力。我們可以在某些情況下運用這種能力，但是絕不能讓孩子承受過重的負擔。

從這個觀點可知，父母試圖與孩子爭論或對他們說教，採取這些方法來取代他們對孩子的權威是很不明智的。有些父母甚至想以這樣的方法來彌補對孩子權威的不足。在一些情況下，讓孩子自己做出決定當然是一個不錯的主意。當你和他外出散步時，可以讓孩子來決定走哪一條路。你可以跟他說明一下各條道路的優、缺點，然後他就可以自己做決定了。當孩子做出決定之後，你就要按照他的意願去做。但是，如果你已經決定要走哪條路，只要簡單地說出你的決定就可以。如果你想

就此給出一個解釋的話，也不要讓他覺得你在強迫他。那麼，每一位父母都會發現，這樣做其實是很保險的。成功教育孩子的一條基本原則就是，在我們要求孩子去做他不願意做的事情的時候，與其讓孩子聽你的解釋，不如讓孩子無條件地服從長輩的權威，這要來得更為容易。換句話說，與其讓孩子違背自己的意願，還不如讓他無條件服從你的權威。

在重要問題上，切莫信賴孩子的理智

在下面所有的這些例子中，父母都無法放心地讓孩子自己去做決定。譬如，在孩子要去上學、做禮拜、生病服藥、天氣惡劣時要待在室內、去哪裡拜訪、選擇玩伴，還有其他很多事情上，我們都不能讓他們獨自作決定。我們這樣做，其實是為了不讓孩子的心靈陷入迷茫的痛苦之中。我們要為孩子作決定時，無論出於什麼原因，都不要說「我不會做這個，我不會做那個」。在一些緊急的情況下，父母不要和孩子爭論或是和他們講道理。一般來說，這都是錯誤的做法。你可以對孩子說：「我毫不意外你喜歡這樣做，如果我是你，也會很喜歡這樣做的。但你絕不能這樣做。」這才是我們應該做的。當小孩在服藥時，父母絕不要花半個小時和孩子進行各種爭論，或是想以一些花招來使他暫時屈服。其實，對孩子來說，你的這種做法只是一種煎熬。母親要做的只是把藥遞到他的面前，然後語氣堅定地說：「我知道，這藥很苦。但你一定要把它吞下去。」如果孩子拒絕吃藥，母親也不要讓他一直拖延，而是應該盡可能

第 16 章　孩子的判斷和理智

地運用柔和的手法讓他吃藥。在這一過程中，母親不要對孩子露出不滿的神色。如果這種方法還不行，就要強迫孩子服下。當此事在孩子心中激起的憤怒逐漸消退時，孩子的心情會逐漸平和下來，你可以把這個「小病人」抱在懷裡，跟他說：「孩子，之前你不吃藥，媽媽強迫你，希望這不會傷害到你。」這時，孩子可能會作一些抱怨性質的回答。

「我知道你不喜歡吃藥。所有像你這樣年齡的孩子都是很不講理的。很多動物生病的時候，也都是不願意服藥的，我們也必須要強迫牠們服下。當你長大之後，你就不需要別人再強迫你服藥了，而是會自己乖乖地服下。」母親說。

然後，母親可以跟孩子講一個馬兒生病、被人強迫服藥的有趣故事。在故事中，這匹馬也無法像一個男人那樣勇敢地服藥。

這裡的例子只是為了闡述一個普遍的原理 —— 在孩子還小的時候，父母替他們作決定，這會大大地增加孩子的幸福感，同時也讓父母備感輕鬆。而當孩子對父母的一些決定感到疑惑時，只需要讓他們無條件服從父母的權威就可以了。

當我們預想到，我們最終可能不太認同孩子所作的決定，但是，當孩子試圖對那些一定會被拒絕的事情進行爭論和辯解時，父母也沒有必要耐著性子去聽孩子所說的話。但是，當孩子沒有做錯什麼，就不要在中途打斷孩子的話，對他進行反駁。否則，在這種情況下，孩子會顯得無能為力，並受到傷害。因為，他們沒有足夠的能力去理解父母所作的決定和長遠的考慮。同時，他們也被自己強烈的願望蒙蔽了雙眼，而看不

清事實。父母任由孩子辯論的做法，不僅無法提升孩子的理智能力，到最後反而會讓他感到迷茫、疑惑，這無疑會阻礙孩子的成長和發展。

對待孩子理智的處理方式

　　但是，當孩子的想法，讓父母覺得放心，讓父母覺得可以讓他去做時，就可讓孩子做出自己的決定。這給孩子提供了一個鍛鍊理智和判斷能力的絕佳機會。在這些情況下，你可以向孩子提供他所需的一切資訊。但是，不要讓他因此而覺得自己是無知的。另外，你也不要讓自己隱晦的建議阻礙了孩子對自己的判斷能力的鍛鍊。父母可以在決定如何布置花園、如何設計散步和騎馬的路線、如何使用零用錢等方面上，給予他們作

第16章　孩子的判斷和理智

決定的權力；而在可能造成人身危險，或給別人帶來困擾等方面，則要予以足夠的限制。等孩子再長大一點，就可以讓他負責安排旅行過程中的一些小活動。例如，保管隨身攜帶的包裹，決定在車上的座位等；在到達目的地的時候，他還可以幫忙挑選東西等等。只要你相信他有能力做到，對他給予不甚嚴格、不唐突的監管就可以了，孩子就會對自己負責。當你注意到他成功或很誠實時，要馬上給予表揚，並投去鼓勵的目光。同時，在他們因缺乏經驗或是心智不成熟而犯下一些小錯誤時，我們也要給予諒解的微笑。

總之，在一些涉及到孩子的重要情感或是願望的事情上，我們不要試圖從孩子的判斷中找到反駁點，也不要試圖去說服他們改變想法。其實，我們只需要把權威牢牢地置於孩子的頭上就行了。而在另一方面，在一些不重要的事情上，或是在孩子的決定不會違反任何重大原則的事件上，我們就應該給他們機會，讓他運用自己的判斷力去作決定，之後，我們就要遵重他的決定。如果他願意的話，可以接受我們所給予的相應的權力，但是，同時他們也要承擔一定的責任。

在鍛鍊孩子的判斷力、培養他們的理智的努力上，這些原理也是同樣適用的。事實上，父母想要讓孩子服從他們的意願，跟孩子進行持續的爭論是錯誤的，沒有什麼比這更加毫無用處、毫無所得。這樣做只會讓孩子產生厭煩和憎惡的情緒。因為，在這時，爭論很快就會淪落成一種讓人厭煩、不痛不癢的互相攻擊的武器。其實，雙方之所以產生不同的觀點，很大程度上是因為孩子只能看到事情之間的表面的、直接的、明顯

的關聯，我們對他們的這種能力也不能抱有太大的期望。另一方面，父母的視野更為廣闊，在一件事情上得出的結論，許多方面是小孩往往根本沒想過的。因此，父母不能嘲笑孩子缺乏理智、目光短淺、愚蠢至極，也不能以一種專制且不容挑戰的方式來壓制小孩。所有這些做法，在父母和孩子的爭論中屢見不鮮。

父母應該做的是，保持耐心、冷靜，就孩子沒有想到的事情的另一面向他解釋。想要達到這一點，就要讓孩子的心靈處於一種願意傾聽、願意接受的狀態。如果沒有這一前提，雙方的對話及所進行的努力都會付諸東流。在孩子為自己的行為辯解時，我們要認真地聆聽，了解他的想法，這是很重要的。總之，要盡可能地了解他的觀點，同時讓他知道我們這樣做的原因。這樣，他就會更樂意接受我們跟他說的任何想法。而這些想法是我們在對一件事形成最終判斷時必須予以考慮的。

例如，有一個健康的、充滿活力的男孩，他的感知能力和自身的直覺都還處於持續快速發育的狀態。他給媽媽講了一個故事。故事是這樣的：在一個晚上，一個小偷背著一個大麻袋，悄悄地爬進了一棟房子的雜物間偷東西。後來屋主發現了，小偷驚惶失措。小孩在講這個故事的時候，以一種很激昂的語調說：「如果當時我在現場，並有一把槍的話，我一定會向他開槍。」

現在，如果母親想讓孩子深陷迷惘，或是想要壓制他的理智的話，她可能會說：「一派胡言！喬治，在這種情況下，你是不會向那人開槍的。相反，你做的第一件事，可能就是躲藏

起來，甚至是落荒而逃。還有，如果你因此而殺死一個人，那真是罪大惡極了。你很可能就會因謀殺罪而被判處絞刑。《聖經》上說我們不能以暴制暴。所以，你不能故作輕鬆地說敢殺哪一個人。」

　　這個可憐的小男孩可能會被母親突如其來的責備嚇得目瞪口呆，頓時啞口無言。在他的尚處於萌芽階段，或是半形成階段的觀念中，諸如正當防衛的權利、勇敢的美德、生命的神聖、非抵抗的性質和限度等概念交織在一起，使他的心靈處於一種混亂的境況。這產生的唯一結果可能就是，在一陣手足無措後，他會自言自語、小聲嘀咕著：「無論怎樣，我都會開槍的。」母親的這種處理方式，不僅沒有讓孩子意識到自己觀點的錯誤之處，反而更堅定了他內心對此的看法。

▍用柔和的方法啟發孩子的智慧

　　假若這位母親能夠首先意識到，這是孩子看到問題時最直接、最即時的反應和影響，她也許會讓孩子暫時得意一下子。這樣，她就可以和孩子在心靈上建立起一種情感上的共鳴。同時，這也為孩子能夠考慮到事情的其他方面作一些心理準備。更為重要的是，這種處理方式對孩子而言，不是直接的、赤裸裸的反對。我們期望孩子理解我們所作的決定，這是很沒道理的。他們還未發育成熟的思考功能並不能讓他們自發地擴大看待問題的深度和廣度。我們假設，在孩子吹噓自己會向小偷開槍之後，這位母親會這樣說：

「當然，你這樣做是有一定道理的。」

「是的，」孩子高興地說，「他是活該。」

「當一個人決定鋌而走險的時候，他就知道自己是要冒著各種風險的了。人們會竭盡全力去保衛自己的生命、財產。也許，即便人們向他開槍，小偷也沒什麼好抱怨的。」

「是的。」男孩說。

「但我們還要考慮其他方面的一些問題。儘管我們向他開槍並沒有什麼錯，但是這樣做其實很不好。」

「為什麼？」男孩問。

在這一問題上，母親已經承認了孩子的觀點是有其正確性的，至少在表面上孩子會覺得母親和自己是站在同一戰線上的。所以，孩子願意聽聽母親所說的不好之處。因為母親不是直接反對他的話，而是以一種補充的方式，讓孩子可以去考慮事情的其他方面，這讓孩子更容易接受。

母親接著說：「首先，我們要想辦法處理屍體啊。如果你向他開槍，你要如何處理屍體呢？」

在這種情況下，防止孩子對母親的建議產生牴觸情緒是整個處理方法的關鍵所在。她可以說：「我們該如何處理呢？」或是「你會怎麼辦呢？」

男孩回答說：「哦，我們可以把他送回到他原來住的地方，讓他的家屬把他領走。如果他住在城市，我們可以報警啊。」

「這是一個好主意。」母親說，「如果附近有警察局，我們可以報警。但是在地毯上會有血跡的啊！」

第 16 章　孩子的判斷和理智

男孩說：「在儲藏室裡是不會有地毯的。」

「對，你說得對。那麼，處理血跡就不是一件難事了。但是，也有可能在那人中彈之後，不會馬上就死去；甚至很有可能在警察到來之前都不會死去。我們將看到他躺在地上痛苦地呻吟，不時發出絕望的哀號。這會在我們腦海中形成恐怖的回憶，在以後的日子裡一直困擾著我們。」

接下來，母親可以繼續給予解釋，如果這個小偷有妻子兒女，如果你殺死了他們的丈夫、父親，將會終身對他們感到愧疚的。到時，你就會帶著一種痛苦、近乎自責的心情去面對他們。站在屋主的角度上，小偷這樣的下場可能是活該。但在一時的衝動退去之後，他可能就會為小偷找理由辯護：他可能是因為家庭的貧困，自己的孩子在挨餓，所以才出此下策；也可能他從小就生活艱難，沒有機會接受任何教育，所以在童年時期養成了偷東西的習慣。但是，屋主這樣的想法於事無補，它絲毫無法緩解殺人所帶來的負罪感。

對此事其他類似的考慮，母親也都可以跟孩子講。這可以讓他明白，我們不能因為別人有了一點小的罪過就要了他們的性命。我們這個國家認可的法律，也只是在犯罪情節極其嚴重時才會剝奪犯人的生命。

這種對話氣氛友好。母親並不是以一種敵對的語氣同孩子們說話，而是以一種全新的方式，向孩子提供考慮事情的一些新資訊。母親的這種做法，不僅會改變孩子對整件事的看法，同時也讓他對事情有一個全面的、大致的了解。父母應該教會孩子在面對任何事情時，為了防止做出武斷的決定，必須要銘

記一點，不僅要看到事情表面上的最直接、最明顯的連繫，還要深入地去探究其他的相關性和可能產生的後續影響。這樣透過對事情可能產生的各個方面的影響都予以全方位的考慮，我們得出的結論才有一個強大而堅實的基礎。在這一過程中，採取這種友善的方式向孩子講道理，不僅避免出現任何反感情緒，同時也為孩子能夠誠心接受建議提供保障，培養了他們的推理能力。

▌一般的原則

在這一章所要闡述並且需要遵循的原則有以下幾條。

1. 我們始終要明白，孩子的判斷力和理智等心理功能並不是一開始就處於一種發育成熟的狀態，也並不是在人生的最初階段就可以學到的。只有當他們的身心都成熟了，才能對自己生活中所進行的選擇負責。

2. 父母不應該讓孩子在小小年紀就面臨嚴峻的考驗，或是背負沉重的負擔。我們要做的是，將孩子的行為置於我們的權威之下。在孩子的成長方向或是情感發展這些重要方面，我們不能對孩子自身的判斷能力寄予厚望。

3. 在孩子自身的情感或是行為趨勢沒有受到特別的壓制時，父母可以讓孩子的判斷力深入到事物產生的各個影響及其關聯上。我們可以就某個具體的教育模式向孩子解釋，透過一些具體的例子講解責任的概念；在確保安全的前提下，給予孩子一定限度的權力，讓他的判斷力和理智可以自由發揮。透過以上這些途徑，父母可以極大地促進孩子

的心理功能的健康發育。

4. 父母可以根據孩子的思想狀態，讓他對自己腦海中思考的事物有一個更為廣闊的視野。在與孩子的討論中，父母想闡明其中的道理，一定要採取一種冷靜、柔和、謹慎的方式。具體的步驟有以下幾點：首先，父母要選在孩子最容易接受的時間來進行說理；然後，父母要努力維持孩子的這種容易接受的狀態；在討論中，父母不妨以退為進，先承認孩子的觀點的正確之處，再把自己的一些「補充性」的觀點說出來，讓孩子去慢慢體會。最後，也是最重要的，在這個過程中要一步一步來，始終以一種誠懇又模糊的方式來顧及孩子發育仍不完善的心理機能。

總之，孩子的心理機能會逐漸發育完善，父母對孩子的教育方式也要隨之發生改變。正如孩子在學走路的時候，我們不能拉著孩子，讓他走得比自己應有的步伐快，而是應該讓他以自己的步調來行走。同理，你給予的幫助也要在他的心理和身體可以承受的範圍之內。在這個過程中，讓孩子知道，他也是可以透過自己努力取得積極的結果，這對他會產生鼓舞作用。所以，在培養孩子的思考能力和理智時，一定不要從一開始就讓他們承擔重負，而是應該讓他們輕裝上陣，去做一些在他們心理和身體成熟範圍內可以做的事情。父母要對此給予鼓勵，而不是禁止，或是代替他們的行動。

第 17 章
認真對待孩子的願望和要求

在上一章談到判斷力和理智時，我們得出了幾個結論，而在本章中，這些結論也是適用的。這些結論是：

在一些關於孩子的重要事情上，父母要保持絕對的權威

在關乎孩子的一生，或是會對孩子的生活產生重大影響的事情上，例如，他們的健康狀況、玩伴的選擇、性格的形成、接受教育，或是興趣愛好等方面，是屬於父母的「專屬管轄」，而且，父母應該很早就讓孩子明白這一點。而在這些事情相關的細節上，父母則應充分考慮孩子的情感和願望。但是，這一大的方向則無需和孩子討論，也不用理會他們的抗議。在這一點上，父母理應保有自己的意見，就像法官在審判犯人時，可以在陳詞裡保留自己的意見一樣。人們對這種教育方法和原因可以進行自由的探討。這樣，他們對此就能有充分地了解。但是，需要注意的一點是，在任何實際問題上，父母對孩子採取勸說的方法，作為對自身搖搖欲墜的權威的一種補充，這是絕對不行的。讓孩子了解到父母命令的合理性，這是非常有益的，但切莫以犧牲父母對孩子的權威為代價。

在一些不重要的事情上給予孩子足夠的自由空間

在事關孩子當前和未來幸福的重要事情上，父母要利用自己的絕對權威，以高瞻遠矚、統籌全域的眼光去規劃和決定；

對孩子轉瞬即逝的一些幻想則不需要過分在意；在一些相對不重要的事情上，則可以給予孩子最大限度的自由，讓他們能夠以自己的方式去玩耍、學習，甚至是一些無厘頭的幻想，父母也不要去干涉。這些都意味著，孩子不斷發育的身心功能可以得到自由的發展，而這些功能的自由行動又意味著它可以快速、健康的發展。

總之，在關乎孩子的健康、性格的形成以及學業的重要事情上，父母應該堅持一個重要的原則，即充分利用對孩子樹立起的絕對的權威，而在其他一些並不重要的事情上，讓孩子擁有足夠的自由也未嘗不可。比如，當孩子們在玩耍時，就某一件具體的事跑過來問你，你所要考慮的不是自己是否也會這樣做，而是孩子這樣做是否存在什麼危險。

在事前而不是事後認真傾聽孩子的心聲

在法庭上，首先要聽各方的陳詞，然後再做出判決，這是一種很合理、很公正的審判程序。但是，許多父母所採取的教育方法正好與這種合理公正的程序相反。也就是說，許多父母喜歡先作決定，然後再傾聽孩子的想法。孩子提出任何要求或建議時，父母會馬上拒絕，或是猶豫地拒絕。為此，孩子會和他們爭論不休。如果孩子總是頑固地堅持和強求，父母則只能不斷鬆口，直到最後被迫同意孩子的要求。

父親抓住藤條的兩端，而孩子抓住藤條的中間，然後雙方對拉，直到最後，孩子把藤條從父親手中拿走。這是訓練孩子

手臂肌肉的一種好方法。同樣的狀況也會出現在孩子和父母之間的爭論中，孩子之所以會練就這身「死纏爛打」的功夫，就是因為在一開始的時候，我們就拒絕了孩子的建議，他們為此爭論不休。最後，經過持久的對抗，父母的反對聲逐漸減小，孩子最終取得了勝利。如何防止孩子養成這種習慣，或是當孩子形成這種習慣之後再改變這種習慣，其實有一個簡單而有效的方法：先傾聽孩子的建議，然後再作決定。

因此，當下一次孩子提出什麼請求或願望時，如果其中沒有涉及到一些重大原則問題，那麼在決定之前，母親要考慮的不是以下這些問題：孩子這樣做是否明智、是否會取得成功？他會玩得開心嗎？如果我是他，我會這樣做嗎？其實，母親只需想一下，孩子這樣做是否會對他造成什麼傷害，如果沒有，就爽快地給他一個肯定的答覆。如果你想知道孩子到底想說些什麼，那麼在他講完之前，千萬不要說出自己的決定。

如果你贊同孩子提出的建議，但是對他在玩耍中的一些具體做法有什麼異議，你可以直接跟他說，在這種情況下，你是為他所面臨的困難考慮，而不是針對他的計畫提出反對。如果孩子的計畫不會造成任何危險，那麼，無論他在實現這個目標時會遇到多大的困難，你都沒有反對的必要。

【家教實例】—適度引導孩子試錯

有兩個男孩，名字分別叫威廉姆斯和詹姆斯，他們在院子裡和露絲玩耍。他們希望母親能同意他們在院子的角落挖一個小洞，蓋一個小魚塘，再從小溪中捉幾條魚放進去養。

在聽完他們的想法之後，母親在沒有作任何解釋的情況下，斷然拒絕了孩子的請求。

「不行！我絕不會允許你們這樣做的。這是一個很愚蠢的計畫。你們會把全身弄得髒兮兮的。還有，你們也不可能從小溪裡捉到什麼小魚。即使你們能夠捉到魚，小魚也是活不久的。」

但威廉姆斯說，他們可以用小鐵鍬在草地上挖一個洞，這已經試過了，是完全可行的。

詹姆斯說，他們也已經嘗試過捉魚了。他們發現，用長柄的鏟鬥就能捉到魚。露絲說，他們會很小心的，絕不會把衣服弄溼，絕不會沾上泥土的。

「但你們站在小溪邊上，腳總會弄溼的，這是無法避免的。」媽媽堅持說。

「不會的，媽媽。」詹姆斯回答說。「那裡有一塊很平滑的石頭。我們可以站在那裡。這樣，腳和鞋就不會弄溼了。」

他一邊說，一邊讓媽媽看他的腳，確實是乾淨的。

就這樣，這場爭論還在持續。其實，在這種情況下，母親反對的原因有一半是不存在的，這些都是用來反對孩子做法的說辭而已。在反對一再失效之後，母親最後不得不放棄，就如同敗北的軍隊一樣，不得不投降。當孩子離開時，心情也是悶悶不樂的，覺得母親難以溝通。因為，在孩子的眼中，母親不僅沒有對他們的行為給予半點的同情和理解，也沒有從他們的歡樂中感受到半點的快樂。

然而，可能就是在一些與這件事類似的事情上，孩子學會了如何與母親爭論，學會了死纏爛打。在之前他們可能也會隱約有這樣的想法，當他們驚訝地發現，母親的第一個決定並非

第17章　認真對待孩子的願望和要求

是一錘定音的，只要他們對母親的反對予以堅定的回應，並不斷進行爭論，特別是要堅持他們自己的決定時，他們就基本可以確定，勝利是站在他們這一邊的。

母親的這種教育方法，其實是孩子在享受樂趣道路上的一個障礙。

在這種情況下，如果媽媽想避免出現上面那種狀況，可以採取下面這種簡單的方法。首先，她必須考慮孩子的建議，然後再做出決定。在作決定之前，如果她有空閒或是機會的話，可以對孩子提出的計畫的細節進行更詳盡地了解。即便在工作繁忙之時，她也可以在心中簡單地考慮一下。如果她對孩子的計畫持堅決的反對態度，除非她不想給孩子一個公平的反駁的機會，否則她就不應該馬上把反對的決定說出來。因為，當孩子的心中懷有一個強烈的願望時，這種急切盼望的情緒會讓他們頭腦發熱，根本不能正確地對待任何反對的意見。因此，無論怎樣，一個普遍的原則就是：千萬不要立刻對孩子的計畫提出反對意見，只需說出你的決定。另一方面，如果孩子的計畫不存在潛藏的危險性，那麼，即使這個計畫在我們看來是非常愚蠢的，甚至在實踐中是無法實行的，這些都不能成為反對的藉口。因為，他們喜歡自娛自樂，他們可以從失敗、成功中學到許多有用的知識，這會更有效地促進他們身心機能的發育。

在這一例子中，如果母親想正確處理上面的這種情況，首先要考慮一點：是否應該對孩子的計畫做出反對決定。這可能取決於孩子在提出計畫時的態度，或是考量這個計畫可能對院子造成的損害。在很多情形下，母親可以反過來想一下，院子

的美觀和孩子的身心健康、正常發育、快樂幸福這些相比，哪一個更加重要。在大多數的情況下，她很快就會發現，孩子的計畫是不會造成任何的傷害的，而只不過是一個愚蠢的計畫而已，而想要完成這個計畫是沒有希望的。我們要意識到，孩子正是在這些成功和失敗的實踐中愉快地成長，這對他們健康成長這一真正的目標是有益的。因此，我們不能對此表示反對。在考慮這些之後，母親會說：「好的，孩子，你想怎樣做就怎樣做吧。也許，我還能幫你們一把呢。」

母親在表明自己的態度之後，語氣柔和地指出孩子這一計畫在實施中可能會遇到的障礙和困難。此時，孩子認為母親不是在反對他們，而是在幫他們取得成功。他們會覺得母親是站在他們一邊的，而不是對立面。

「那你們打算怎樣處理挖出的泥土呢？」母親問。

孩子們根本沒有想到這一點。

母親接著說：「你們可以把這些泥土放在手推車裡。大人們在做事的時候，總是會考慮失敗的可能性。萬一你們不成功，你們也可以輕鬆地用那些泥土把你們挖的洞重新填好。」

孩子們認為這是一個不錯的主意。

「那怎樣用水裝滿那個洞呢？」媽媽問。

孩子們打算用木桶從水泵那裡取水。

「你們如何防止水濺溼你們的衣服和鞋子呢？」

「哦，我們會十分小心的。」威廉姆斯說。

母親以建議的口氣說：「在你們抬水時，每次只裝半桶水

223

第17章　認真對待孩子的願望和要求

的話，會不會好一點？這樣，你們可能要多走幾次，但比起會被水弄溼衣服，要好很多。」

孩子們認為這是一個好主意。

母親這樣的教育方式，可以讓孩子們大概了解自己的計畫可能存在的困難。當孩子和母親之間處於一種融洽與互相理解的狀態，而不是一種相互對立的狀態時，母親可以不費吹灰之力地讓孩子順從自己，同時，也可以讓孩子學到許多關於謹慎和細心的教育。

母親可以提醒孩子們，在計畫的實施過程中，他們可能會遇到許多難以預測的困難。母親也可以告訴他們，如果計畫失敗了，也不要感到失望，垂頭喪氣。於是，孩子們開始挖洞，他們把這些挖出來的泥土裝在手推車中。然後，他們從水泵裡取半桶水，倒在洞裡。但是，水很快就滲到地下，孩子們對此感到很沮喪。更重要的是，這些水看起來很渾濁，上面還漂浮著一些葉子、泥土。這讓孩子不禁產生懷疑：即便他們能夠把捉到的魚放進裡面，他們也看不見小魚在游泳。他們扛著長柄鏟子，走在通往小溪的路上，沒一會，他們就會停下來，採集田野旁美麗的花朵。此時，露絲突發奇想：在院子裡建一座花園，要比蓋一個小魚塘好看多了。於是她說，花園要比魚塘漂亮多了。所以，他們又跑到母親面前，說要改變計畫，希望媽媽可以允許他們在院子土質疏鬆的地方栽種從田野裡採集到的美麗鮮花。他們最後說：「我們決定不蓋魚塘了，因為花園比魚塘更漂亮。」此時，媽媽沒有因為小孩如此「善變」和「無常」而責備他們，她說：「我想你們是對的。當小魚在小溪中

自由地游泳時，的確很好看。但是，花朵確實更容易轉移和種植。你們現在首先要做的是，把那些挖出的泥土填回原處。當你們建好小花園之後，我建議你們拿一個澆花瓶好好地澆灌一番。」

人們可能會說，在孩子做事情的時候，我們應該培養他們持之以恆的習慣，縱容他們反覆無常的做法是會產生不良後果的。但是，事實上，在日後，孩子還有很多歲月可以來逐漸學習堅持。在他們自娛自樂的玩耍中是容不下太多的堅忍和人為干預的。在他們玩耍的時候，我們的目的是讓孩子的身體的各個器官和四肢都能夠得到充分的鍛鍊，讓他們的想像力能夠得到充分的發展，讓他們對自然的觀察能力能夠得到提升。我們必須培養孩子的全域思維和堅持不懈的品格。我們絕不能忽視這一點，但是在他們玩耍時，這個時機是不適合做這件事的。

要這樣對待孩子的願望

針對孩子的要求和願望，母親一般採取下面的處理方式：在對孩子極為重要的事情上，父母可以自行決定，然後，只需對孩子宣布這個決定就可以了，沒有必要拿什麼理由去解釋，或是勸誘小孩服從自己；而在一些無關緊要的事情上，父母可以讓孩子享受到最大限度的自由。

對孩子來說，他們總是習慣於無條件地接受父母第一次發出的命令，而不會對此表示任何不滿或是抗議。如果父母們能夠從一開始就建立起這套做法，並一直遵守這套做法。我們就

第 17 章 認真對待孩子的願望和要求

可以看到，其實家庭教育是可以變得十分舒暢和快樂的！父母在嘗試這種方法之前，首先要對這些原則有一個清楚的認知，然後採用冷靜的、柔和的手法去處理；但同時要以一種不容置疑的堅定來維持。令人遺憾的是，這些看似很容易學到的能力，卻很少有父母能夠做到，真正具備這些品格的父母可謂鳳毛麟角。

　　這個方法體系要求柔和性，要求父母保持堅定、持續、穩健和熱心，而不是一時的衝動。我們現在很少能夠看到母親以這樣的方式來教育孩子：在作決定的時候，她顯得那麼鎮靜、沉穩、柔和、縝密；在做出重要的決定之前，她會認真思考；在說出決定的時候，她表現得堅定無比；她不會讓孩子給別人造成麻煩，卻會讓他擁有足夠的空間。相反，也有一些父母會在一些很重要的事情上屈服於孩子的蠻橫要求。而父母透過拒絕孩子的一些願望和要求以慰藉自己的內心。其實，孩子的這些願望不會造成什麼傷害，父母的這種做法是多麼愚蠢和無知啊！

第 18 章
珍視孩子的發問

第 18 章　珍視孩子的發問

在童年時期，孩子喜歡發問的習慣是個多麼普遍的現象啊。這為母親走進孩子的心靈提供了一條最直接、最容易的途徑。如果母親懂得如何利用這個機會，這將是她最大的快樂源泉；而對孩子來說，亦是如此。在這一章裡，我將做出一些解釋，並向父母、哥哥姐姐、老師們給予方向性的指引。

▍好奇心強烈的孩子最聰明

父母應該盡量鼓勵孩子的好奇心。我們一定會想到，當一個孩子的觀察能力逐漸增強，他會驚奇地發現自己周圍的許多事情都充滿了神祕感。例如，為什麼有些東西是硬的，而有些東西是軟的呢？為什麼有些東西你一碰就會搖滾起來，而另外一些卻不會呢？為什麼跌倒在沙發上的時候，不會感到很疼痛；而跌倒在地板的時候卻疼得哇哇叫呢？為什麼爬椅子時會不小心翻倒，而爬牢固的樓梯臺階時卻不會感到危險呢？為什麼有些東西是黑的，而有些東西卻是紅的、綠的呢？為什麼水會從人的手中或是衣服中慢慢滲透直至消失呢？為什麼父母准許他在花園的地面上挖洞，而不准在地板上挖洞呢？所有的這些問題對他這個小腦袋來說，都是充滿神祕色彩的。而這位小探險者卻持續處於這種好奇和驚訝的狀態之中。他不僅要學習這些東西所具有的意義，還要拓展自己的觀察能力。他會發現自己的周圍會出現越來越多讓他震驚的現象。但是，無論是他的母親，還是任何一位長輩，都願意在這方面上給他以解釋和支持。毫無疑問，這對擴充他的知識，提升他的能力具有非凡

的意義。

因此，父母要記住，孩子喜歡發問並不是一個缺點，這只是說明他的心理能力還處於不斷發展成熟的狀態。他想利用自己能力範圍內所能擁有的途徑，來增加自己的知識，拓展自己對周圍那些奇異和神奇現象的觀察能力。

不要將孩子的發問看做自己煩惱的源泉

當然，有時父母會對孩子的問題感到煩惱不堪。因此，在回答孩子的問題時，父母感受不到樂趣和優越感。即便在這個時候，孩子的愛發問的習慣仍不能被視為一個缺點。你絕不要告訴他：「你這個小搗蛋，我已經厭煩回答你的問題。」當你正忙於一些事務而無暇理會他時，你可以告訴他，你希望和他交談並回答他的問題。但是，你現在真的很忙，所以沒空做這件事。然後，你可以給他一些東西來占據他的注意力，讓他保持安靜。每隔十到十五分鐘，你可以從閱讀、寫信、規劃工作或是其他事務中抽出一兩分鐘，給他一些關心，以緩解他內心的單調和乏味。和他說幾句話會幫助他緩解心靈的寂寞。

對待孩子的發問，回答宜簡短

有時，父母之所以覺得孩子的提問是如此的折磨人，其中的一個重要原因就是，他們在回答問題的時候想得太多了。如果他們只是給出簡短的答案，就會發現回答問題是一件很輕

第 18 章　珍視孩子的發問

鬆、容易的事情，而孩子所需的正是這種簡潔、淺顯的回答。父母想對孩子的任何問題都作一個詳細全面的回答，這對孩子來說也是一件折磨人的事情，而對花費時間回答這些問題的父母而言，更是如此。而一個簡短、淺顯的回答似乎更有效，會一步一步地讓孩子對問題有一個深入的了解。而這對母親來說，也是十分輕鬆的，這可以說是一舉兩得啊！

　　例如，在一個雨後的夏日，父親和母親決定乘馬車出去逛逛，小強尼坐在父母的中間。父母在講話的時候，他沒有插話。強尼看到在天邊出現了一道彩虹，他情不自禁地發出了一聲驚嘆。他問媽媽彩虹是怎麼來的。母親聽到這個問題之後，心中默想，要向一個還乳臭未乾的小子解釋自然界的複雜現象，是一件多麼棘手的事情。想到這裡，一股莫名的厭煩和不滿之情油然而生。所以，媽媽沒有結束和丈夫的談話，沒有將注意力轉移到強尼身上，不理會強尼的提問。而強尼馬上重複道：「媽媽，媽媽，為什麼會出現彩虹呢？」

　　最後，母親的注意力不得不轉移到孩子的問題上。她告訴強尼自己沒有能力向他解釋清楚，因為他太小了。母親還責罵他多次打斷自己的談話。

　　我們假設仍在這種情形下，另一位母親在聽到這個提問之後，稍微停頓了一下，然後以友善的目光望著強尼的臉，臉上掛著一絲鼓勵的微笑。她簡單地說：「太陽。」說完之後，她又繼續著和丈夫的談話。強尼帶著滿足的語調發出了「哦」的感嘆。「太陽產生了彩虹」，這對於他來說完全是一個全新的、宏大的景象，這足以讓他的大腦陷入幾分鐘的思考之中。在這期

間，他的父母可以繼續不受打斷地談話。接下來，強尼再次發問：「媽媽，太陽是怎樣產生彩虹的？」

媽媽這次的回答和之前的回答同樣簡潔：「透過照射在雲層上。」母親的回答會留下一大堆的思考問題給強尼。小強尼在腦海中會漸漸對此進行思考。母親則繼續與丈夫談話，幾乎不受到任何打擾。

在幾分鐘的思考之後，強尼抬頭望了一下太陽和彩虹，又看了一下雲層，彩虹的弧度正好與太陽是相反的，完全反射著太陽的照射。於是，他準備更進一步發問：「媽媽，太陽照射在雲層上，怎麼就會產生彩虹呢？」

母親回答說：「太陽照射在雲層上，雲層裡面有許多的小水滴，這些小水滴就會映射出各種顏色，這就像地面上的露水一樣。而雲層上所有的水滴聚在一起就產生了彩虹。」

母親在回答中描繪的畫面足夠強尼的大腦消化很長一段時間了。也許，他還會有其他的問題。同理，母親給的回答依舊還是那麼簡短。但在此時，強尼對於這個問題的好奇心已被滿足了。他的注意力又被其他事物吸引了。

以這種簡短的方式來回答孩子提出的問題，母親會感到很輕鬆。而孩子在得到母親的回答之後，往往要經過較長的時間之後，才會再次發問，這樣就不會太多次打斷母親的工作。因此，這對正忙活著的母親來說，其實並不會產生多大的困擾。如果母親真的十分愛自己的孩子，真正關心孩子的思考和推理能力的發展，那麼，孩子對妳的那一點打斷，與母親看到孩子在獲得滿足之後感受到的喜悅相比，根本不值一提。

回答應該是溝通式，而不是說教式

在回答孩子的問題時，父母不僅在形式上要做到簡單、淺顯，更應想方設法地讓自己的答案包含盡量少的資訊。

乍一看，這個觀點有點奇怪。但運用這一個方法只是為了給孩子充足的智力養分。對孩子要吃的食物，你必須把這些食物分成許多份，讓他每次吃一點。如果你一下子就讓他吃太多的話，就會有噎到的危險。

例如，在一個初冬的早晨，當強尼第一次看到雪花綿綿落下時，他滿懷驚訝和喜悅之情，望著窗外出神。然後，他突然問道：「媽媽，為什麼會下雪呢？」在這種情況下，如果母親想要給孩子一個完整的答案，她的注意力就必須要從手頭上的工作轉移出來，才能認真思考和回答這個問題。如果她根本不想回答，甚至還想指責他為什麼要問這麼愚蠢的問題來打擾她，直到最後，她還是暫停了手頭上的工作，思索片刻之後，她說：「雪是從河水、海水、溼地上的水蒸發上去的，上升到空中，最後遇冷凝結成一片片雪花，然後就從空中慢慢地飄落。」

男孩認真地聽著母親的講解，並努力嘗試著去理解。但是，他並不能立即了解如此複雜的答案，他感到迷茫和困惑。在母親的回答中，不僅涉及了自然界變化中廣闊的範圍，複雜的過程，還牽涉到許多他聞所未聞的新事物。

但是，假如母親在回答孩子的提問時，盡量壓縮答案中包含的信息量，強尼的問題就可能按下面這樣展開了。

母親的回答很簡單、淺顯，並不需要她花費太多的時間進行思考，也不需要中斷手中的工作。當然，一些需要特別關心的例子除外。

「媽媽，」強尼問，「為什麼會下雪？」

「因為雪花從天上降落，好好看吧。」

「哦。」強尼發出了滿意的驚嘆。他目不轉睛地望著飄落的雪花，觀察它們毫無規則地飄落下來。他可能會在幾分鐘之內一言不發，精神極為集中。他在腦海中想著，在一場風雪中包含著多少從天上降落的雪花啊！我們對此已經習以為常了，因此也就不會多加留意。然而，對孩子來說，這是一個新鮮的體驗。在這個過程中，孩子處於萌芽期的觀察能力和思考能力深受鍛鍊。他在較長一段時間內陷入了思考，最後，當他覺得自己已經消化了這個觀點時，他也許會接著這樣問：

「媽媽，那雪花從何而來？」

「天空。」母親爽快地回答。

「哦。」強尼的內心再次感到滿意。

人們可能會認為，這些對話幾乎是毫無意義的，或者說，至少沒有向這位小提問者提供任何有用的資訊。但是，這樣的回答的確給了強尼新奇而有用的資訊。這可以讓他的發問一步一步深入。雪花來自天空，意味著它來自一個很高的地方。這讓他意識到，雪花並不是在進入他眼簾的時候形成的，而是從一個很高的地方降落下來的。在思考這個問題一陣子之後，強尼繼續問：

第18章　珍視孩子的發問

「媽媽，那天空有多高啊？」

也許在這個時候，母親會覺得除了說「不知道」之外，就沒有什麼好說的。但孩子所需要的並不是精確的資訊。母親要清楚，如果她嘗試給孩子一個精確的回答，這實際上也是徒勞的。因為，孩子之所以喜歡發問是認為媽媽一定會知道答案的，而且也會給出一個滿意的回答。

孩子再次發問：「媽媽，天空到底有多高啊？雪花是從天空哪裡下落的？」

「哦，很高。比我們的屋頂還高很多。」媽媽回答說。

「比煙囪更高嗎？」

「是的，比煙囪高多了。」

「有月亮那麼高嗎？」

「沒有，又沒那麼高。」

「媽媽，那到底有多高呢？」

「大概跟小鳥飛的高度一樣吧。」

「哦。」強尼心滿意足地點點頭。

母親的這個回答或許有點不明確，這是事實。但這種不明確性正是價值所在。即使母親能夠做出一個明確、精准的回答，在這種情況下，也是完全不適宜的。

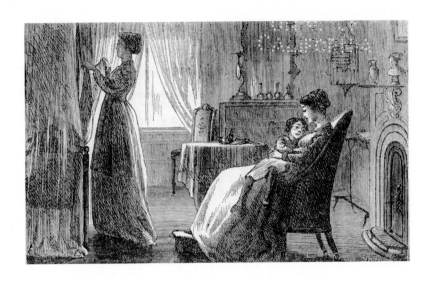

一個即使沒有什麼新資訊的回答也是適宜的

關於孩子的問題，我們的答案並不一定總是要包含新的資訊。母親對一個問題簡短的回答，可以讓孩子在聽說的過程中鍛鍊和提升運用語言的能力，這就是我們所要追求的目標。

必須記住的是，運用語言來表達自己的思想，或是代指外在的事物，這對孩子來說都是一種全新的能力。正如孩子學到新的能力一樣，只要稍微運用一下這些能力，就可以為自己帶來無限的樂趣。如果一個健康的、充滿活力的人掌握了飛翔的能力，他就會借助翅膀在天空中自由翱翔。在這一過程中，他會獲得無限的樂趣。這並不是因為他有特定的目標要去遊覽，而是他運用新掌握的這種能力本身就是充滿樂趣的，而孩子在

第 18 章　珍視孩子的發問

談話中獲得的樂趣也是如此。他們經常為了說話本身的樂趣而去說話，而不是有什麼必須要說的話。孩子只會注意你講的內容是否有他感興趣的東西，而至於是否有新東西則不在他的考慮範圍之內。一旦母親完全了解了這種思想，在對待孩子無休止的發問時，她將會省去許多煩惱。而在許多情形下，唯一重要的是，她的回答要簡潔，無需考慮是否包含什麼新資訊。

例如，在夜晚，一個小女孩問媽媽，天上的星星為什麼會閃爍。媽媽說：「因為它們很明亮啊。」女孩對這個回答感到滿意。所以，當她問到：「為什麼在鏡子中能夠看到我？」這時，母親可以回答說：「鏡子裡只是妳的影像而已。我們稱之為畫面。妳拿起一本書，看看在鏡子中能否看到這本書。」小女孩對母親的回答感到高興和滿意。母親的這種回答並不像人們想像的那樣一無是處。母親這樣做給了孩子運用語言的機會。如果適當地加以引導，將會大大拓展她對語言的了解，有助於加深她對語言所代表的觀點和事實的理解。

瑪麗與爸爸在花園散步，她說：「為什麼有些玫瑰花是白色的，有些則是紅色的？」

「這很神奇，對嗎？」

「是的，爸爸。這的確很神奇。是什麼造成這樣的情況呢？」

「這其中一定有什麼原因，有些樹上的蘋果的味道是甜的，有些則是酸的。」

「是的，這也很奇怪啊。」

「它們樹上的葉子卻總是綠色的，儘管它們的花的顏色是不一樣的。」

「是的，爸爸。」

「但是，」爸爸補充道，「當秋天來臨的時候，樹上的葉子都會變黃。」

父母和孩子進行這種類型的交談，從一開始就沒有採取直接回答孩子的方式。這種對話的方式不僅讓孩子感到滿意，同時，對發展孩子的能力和增強他們對語言的了解也是有著莫大的益處。我們解釋任何現象時，都會得出一些結論，同樣，父母對此的認知也將讓他們更容易處理孩子提出的許多棘手的問題。當然，如果他們不想對孩子的問題作回答，那麼就是另外的情況了。

▍要時刻準備說「我不知道」

在回答孩子的提問時，母親要時刻準備說：「我不知道。」父母和老師往往不願意這樣做，覺得這樣就暴露了他們的不足之處，有損在孩子心目中的地位。因此，無論多麼困難的問題，他們總是嘗試著去給出某種解釋，希望能夠滿足小提問者的要求，儘管有時這很難做到。這種想法其實是一個巨大的思維迷思。其實，學海無涯，而父母、老師所掌握的知識也只不過是滄海一粟，還有許多領域亟待探索，越早讓孩子、學生意識到這一點，取得的效果其實會越好。在孩子看來，即使我們的回答不盡如人意，但是這不會影響孩子對知識的追求，不會

影響其追求知識時所取得的成就感。

　　在孩子對周圍事物及其視線範圍內的世界提出問題時，如果母親能夠明智地運用我們這一章所講述的原理進行解答，將會有助於她處理孩子在這方面的問題。她會發現經常和孩子進行這種類型的對話，對雙方來說都是巨大的快樂。事實上，在孩子的早期教育中，孩子和一位英明、友善的母親對話，這是極為重要、極富價值的。一位母親喜歡在孩子身邊，讓孩子提問題，然後自己回答。這樣孩子的思考能力和推理能力將逐漸地發展和進步，同時還擴充了孩子對語言的了解。這些無疑都將大大拓展孩子的思想深度和廣度。但母親將會發現，當孩子接受正規的教育時，他努力讀書，成績將會馬上名列前茅。這正是因為他的心靈功能已經獲得了比同齡人更充分的發展。

第 19 章
教孩子正確使用金錢

第19章　教孩子正確使用金錢

　　在教育孩子時，關於如何使用金錢這一問題和之前幾章談論的問題有著直接的關聯。這一問題是極為重要的。首先，我們要培養和發展孩子正確的判斷力，並讓他掌握一些實用的經驗。第二，特別要注意的一點是，如何使用金錢與正確處理孩子的願望和要求有著直接的關係。

不正確的做法會造成終生的傷害

　　假如，一位母親想讓自己孩子的心靈變得麻木不仁，或是想讓孩子的行為變得矯揉造作；想讓孩子養成透過死纏爛打，或是過分屈從的行為來獲得他想要的東西的習慣；想讓孩子無法獲得正確使用金錢的實用知識，或是任何關於經濟的原理，讓他無法在日後生活中養成極為重要的獨立思考、節省的習慣……那麼，要達成上面的這些目標，最好的途徑就是在孩子小的時候，對孩子的零用錢不加控制，有求必應。父母毫無分寸，所給的零用錢數目則完全取決於孩子索要的頻率和強求程度。

　　毫無疑問，在這種情況下，孩子根本沒有什麼能力去好好地看管自己的金錢，他也不懂得為了日後的打算去克制今天的行為，所以他不會制定任何的花銷計畫。他的金錢是父母屈服於他的無理要求而獲得的，這讓他覺得金錢好像是永遠花不完似的。因為，他獲得的金錢並不是透過他自己的節省所得的，也不是他依靠自己任何的遠見或是理財能力獲得的，而是建立在他對父母的死纏爛打之上。上述的這種教育方法往往會讓孩

子養成一些壞習慣。這種教育方法無法培養孩子的節省和預見能力，而這些對他們的未來生活具有重要作用，將在很大程度上決定他們的成功。

但是，這種方法也並不是一定會產生這種結果。在這一過程中，孩子也許還會受到其他方面的影響：譬如孩子的天性、父母在其他方面所具有的特質和周圍的影響等。但是，不可否認的是，以上那種教育方法讓孩子獲得零用錢成為一種偶然。在這其中，並沒有包括任何精打細算。而孩子所學到的，只是透過一些嫻熟的技巧或是多少帶有耍賴的方式伸手向父母要錢，這視情況而定。

無論你將來是否會有幸繼承龐大的財產，還是要透過自己辛勤的勞動獲得一般的收入，抑或是在赤貧之中掙扎，對男孩和女孩而言，在孩提時期的一項最重要的教育，就是讓他們學會如何合理地使用和管理金錢。讓他們學會如何擁有屬於自己的數目明確而固定的金錢，並讓他們自己管理，讓他們自己負責。在這一過程中，父母可以給予他們一定的指引、鼓勵和幫助，這有助於他們掌握這種能力。

定期給孩子一些零用錢，讓他們學會管理金錢

在閱讀這本書的父母中，應該不會有人在一整年中都不給孩子零用錢花吧。因此，父母給孩子一些零用錢花，或是以一種商業貿易的方式將零用錢借給孩子，這都是很有必要的。事

實上，在這樣的教育下，孩子會認為他們每週、每月從父母那裡獲得的零用錢，只是父母給予他們的報酬而已。如果零用錢被孩子當作是一種禮物或是一種必然，那麼孩子們將會失去獲得零用錢的樂趣。因此，有人會反對這樣做。當父母給孩子零用錢時，他們想，這是作為對孩子優秀表現的一種獎勵，孩子也想從中得到樂趣。但是，每隔一段時間就定期地給孩子零用錢的這種行為，會讓孩子認為我們好像是在還債。而我們希望孩子能夠把零用錢當作是一種獎勵，喚起他們的感激和愛。

儘管我們在這裡推薦定期給孩子零用錢的這一做法並不能完全阻止孩子將父母給的零用錢看做一種禮物或是其他的東西。其實，只要父母的心中是為孩子的未來人生幸福和健康著想，就還是會使用這種做法。在孩子還小的時候，就要培養他們把目光放遠點和節省的習慣，鍛鍊孩子在金錢管理上的判斷力。這比起父母一時微不足道的情感滿足來說更為重要。

指導孩子理財的兩種方法

父母制定一個系統的計畫，分配一定數目的金錢讓孩子自己來管理。在這裡，我介紹兩種商業上常用的方法。第一種是透過定期支付給孩子一定數量的金錢；另一種是為孩子的支出記帳，定期給他們一些錢，同時讓孩子自己為收支負責。

1. 直接給錢。這是最簡單的一個計畫。如果採用這一計畫，在金錢支付的問題上與孩子達成一致後，父母就一定要按照計畫嚴格地在特定的時間向孩子支付金錢。我們可以把

這個數額定在五塊、十塊、五十塊或是更多，時間可以定在每個星期六晚上，這一計畫由母親一手負責。在執行的時候，母親一定要認為這是一個神聖的契約，必須要作好充分的準備。她不能奢望孩子在金錢管理上能夠做到定時、準時，並具有全域的思想。在執行這一計畫時，母親不能拖遝延誤，在規定的時間到了，還為自己不支付金錢找藉口。一般來說，父母給孩子的錢不應該讓他們拿在手中，而應該提供錢包或是其他可以存放的東西。這樣，孩子就可以更好地保管財物，以防止因任何形式的粗心而導致的丟失。母親一定要謹記，這一計畫的目的，是要讓孩子透過自身的體會來學習如何管理金錢。如果父母替孩子保管這些零用錢，那麼這個計畫也就沒有意義了。另外，母親要準時付錢給孩子，尤其是第一次，更是需要準時。總之，母親要清楚意識到，金錢的管理和保管的權力應該完全交到孩子的手中。

2. 記帳。這是第二個計畫。許多母親認為，這個計畫在實施過程中會有很多麻煩，因此她們會放棄這個計畫或半途而廢。在實踐中，這個計畫被證明是最令人滿意的。這個計畫首先需要一個小的記事本。在帳本上要確保每個孩子要有兩頁紙來記帳。孩子的名字寫在自己帳戶的上方。這樣，孩子定期獲得的零用錢就記在收入的那一欄裡，而支出則在另一欄裡。

記帳這一計畫可以讓我們避免定期給孩子錢所帶來的麻煩。因為帳本上會說明在何時父母該付錢了。

以上這兩種方法各有其優點，這在很大程度上要視孩子的

年齡來定。當然，父母是否方便應該是最重要的決定性因素。對於一個商人來說，他已習慣了記帳，他會隨身在口袋中攜帶一個小筆記本；或是母親平時也有記帳的習慣，那麼這個方法就更容易實現了。記帳可讓孩子在這一過程中學到許多有用的知識。更為重要的是，孩子可以從小養成以一種全域的思維來處理事務，還能培養精確的習慣。儘管他還沒有學習閱讀，無法了解帳本記錄的內容，但他對此還是會有所感知。無論怎樣，他都知道，自己零用錢的開支和收入是記錄下來了。他們對此會感到高興和自豪。而這種印象會讓他們在日後的生活中逐漸養成精確和全域性的觀念和思維。

　　與定時給錢的方法相比，記帳的方法有一個很大的優勢，那就是為父母提供了一個機會，使他們可以對孩子管理的餘額支付一定的利息，讓孩子了解到生產性投資的性質和優勢。他們也會明白一個道理，那就是儲存起來的錢具有增值的潛力。父母支付給孩子的「利息」應該比常規的利息稍高一點。這一筆數目可以讓孩子覺得爭取「利息」是值得的。但是，「利息」也不能太多，在這一點上，父母必須要有足夠的判斷力，並要足夠謹慎。

　　當然，對於第一種定期給孩子付錢的方法，就沒有必要支付利息。父母對孩子付息可以在任何適當的時候進行。當孩子向父母要錢，父母就可以翻開他的帳本，看看他帳戶中的餘額還有多少。如果還有，孩子就可以在餘額的範圍內支取他想要的數額。可以以一個月為一個時間段，或是在任何方便的時候整理一下帳戶餘額。

這個方法所要做的工作，非但不麻煩，反而會逐漸成為父母快樂的源泉，對孩子而言，亦是如此。這可以讓父母省下許多時間，逐步向孩子傳授了許多積極有用的資訊。

▌金錢的使用：學會讓孩子自己承擔責任

金錢的使用對「讓孩子朝著他應走的方向」意義重大。比如，無論是父母定期給孩子的零用錢，還是父母給他們的報酬，這些都屬於孩子可以掌控範圍內的金錢。父母可以規定把其中的四分之一或二分之一作一些長期的投資，或在郵局開一個帳戶，或是以其他的方式來使用。銀行的帳戶或是其他的資金憑證，都可以作為孩子的財產保存起來。

至於剩下的另一部分金錢，則可以作為孩子的零用錢。這一部分錢完全應該讓孩子自己掌握。唯一需要注意的是，他們不能用這些錢去購買任何可能會給自己或別人造成危險、傷害、打擾的東西。母親可以向孩子提供一些如何使用金錢的資訊和建議。整個計畫的目的，就是要讓孩子在實踐中得到管理和使用金錢的深切感受。只有這樣才能真正鍛鍊孩子的判斷力，練就縝密的心思。正如孩子無法一直靠大人的攙扶來學習走路一樣，如果孩子無法以一種符合年齡的方式來承擔管理金錢的真正責任，他們就不可能成為一個好的管理者。如果一個男孩想買弓和箭，在這種情況下，父母不允許孩子這樣做也是有道理的。因為在玩耍的時候，弓和箭存在著危險的因素。但是，如果他想買一隻風箏，母親卻不能以「風箏太大了，孩子

自己無法控制風箏」、「房子周圍有許多樹木，他會把線纏在樹上」等為藉口反對孩子的想法。她可以向孩子說明這些情況出現的可能性。而孩子聽不聽，這就是他們的事了。但母親一定不能表現出不想讓孩子買風箏的意願。妳可以說：「孩子，這是你可能會遇到的情況，但如果你認為還是自己的想法好，可以大膽去做啊。」

當孩子在放風箏時，遇到了一些問題，例如他無法控制風箏，或是把風箏掛在樹上。在這個時候，母親一定不要得意洋洋地說：「我不是跟你說過了嗎？你就是不聽我的話。現在，你自己看著辦吧。」相反，在這個時候，母親應該主動給予孩子幫助，努力緩解他的失意情緒。她可以說：「孩子，沒關係的。這當然是一個損失，但是你做了自己認為應該做的事情。我們在做事情時，的確會遭受一些損失，即便在當時，我們認為那樣做最正確。今後，你可能在花錢方面還是會犯下許多錯誤，遭受損失。但這給了你一個像男人一樣去承擔責任的機會。」

金錢的使用：讓孩子懂得義務

假如父母是具有高尚情操並值得尊敬的人，非常希望孩子在走向成熟的這一段時期，能夠對金錢有正確的認知，他們就會發現，從小培養孩子正確處理金錢方面的關係是多麼重要和棘手。在每次與孩子發生金錢上的關係時，他們都會感到，孩子對待金錢有一種精確、嚴謹的態度和全域的思維是十分重要

的，必須要從一開始就透過自己的言傳身教來讓孩子養成這種習慣。與孩子在金錢方面上打交道，他們完全沒有必要去占孩子的便宜。在許多方面上，他們也許是慷慨大方的人，但在孩子的帳本上必須要保持嚴謹的態度，他們不能找藉口推諉，一定要履行自己的承諾，同時也要讓孩子履行義務。

不妨與孩子進行一些小小的交易

父母與孩子可以透過創建定期交易的方式來管理孩子的零用錢。他們會發現，採取一種有計畫的商業模式，並把這種做法擴展到其他方面會取得積極的進展。例如，一個男孩把他的零用錢用在「買手錶」一項的支出上。如果孩子存的錢只夠手錶價格的一半，在此時，父母可以借給他一些錢讓他把這隻手錶買下，但是他要從日後的零用錢中拿出一部分把買手錶的錢還給父母才行。父母做出的是一種抵押行為，他們可以用很簡單的詞語向孩子解釋這一點。孩子的這隻錶作為父母提供金額的擔保，直到孩子把因買手錶而借的錢全部還清，這隻錶才真正是屬於孩子的絕對財產。在孩子成長的歲月裡，父母與孩子之間可以展開許多這種形式的交易。這種交易對雙方來說不僅充滿樂趣，還會讓孩子對此產生濃厚的興趣。在不知不覺中，孩子可以學到許多關於金錢交易的實用知識，養成以全域的觀念去思考問題的習慣。

在這一做法的執行過程中，孩子會進行一些模仿，他們會從中獲得無窮的樂趣。我可以舉一個例子。一個在孩子中間運

作的「銀行」就取得了很好的效果。其中一個孩子被推舉為「董事長」，另一個小孩被任命為付款員。而總帳則是由出納員來負責，還有一群「股東」，按照他們年齡的大小來決定每人所擁有的股份的數量和比例。而這個「銀行大樓」也只不過是一個很小的「玩具祕書」，這個「祕書」其實是一種類似於保險箱的東西。在那裡偶爾會「神祕」地出現一些小額的錢幣。而這些「小股東們」對這個「銀行」利潤的來源根本毫不理解，他們卻知道，一些真正的股東是在高樓大廈裡認真地工作。每隔六個月或是在其他時候，他們會對所得的錢進行一次清算，然後「分紅」。這完全是以一種定期的商業模式展開的。

　　這一類型的方法所取得的效果，不僅讓孩子的童年時光過得逍遙自在，而且為他們長大之後進入更為正式的商業生活提供了許多關於金錢管理的實用知識。而這種知識常常需要在很長的一段時間之後才能獲得，而且常會以一些痛苦的經歷和遭遇為代價。

　　事實上，在一般的情況下，只要父母對這一方法有著充分的了解並加以運用，將會使孩子的商業能力取得很大的進展。父母可以在孩子心智成熟之前，就把這種方法拓展到其他真實、正式的情景。例如，一個自幼受到這一方法培養的男孩，在十到十二歲的時候，就會變得很精明。他可以在買帽子、長筒靴和鞋子時和父母簽訂合同，而在幾年之後，他就可以拿出一筆年度的資金。父母與孩子之間的合同也可以把範圍拓展到所有的衣服上來。比如，在買帽子的例子中，這筆固定資金的存在，將會在孩子不計後果花費時提醒他，讓他有足夠的認

知。這樣，父母與孩子可以透過交易的方式來達成協議。孩子再長大一點，這一方法還可以擴展到更多的方面。這一切都需要父母的技巧、聰明才智、耐心、整體思維，並做到持之以恆。當父母具有這些能力，與跟因為金錢的事可能帶給雙方無盡的煩惱、爭吵以及無休止的謾罵相比，他們花在孩子身上的時間，根本不值一提；就更不用說這種基礎為孩子日後進入社會發揮了難以估量的促進作用了。

不正確的做法會導致的苦果

這不僅關係到孩子的現狀，還關係到孩子的未來。在將來，孩子長大了，就要步入社會。當他們要承擔自己的責任時，就會發現自己對金錢的責任和義務上沒有任何實踐的訓練，就會暴露出許多缺點。大城市裡的富人，由於教育不當，他們的兒女揮霍無度，導致自己的晚景變得十分淒涼。這些兒女從小沒有接受到來自父母的正確使用金錢的教育和指引，他們對自己的責任和義務的了解更是無從談起。當然，在很多情況下，孩子在成長的過程中，在需要金錢時，只要向父母稍微施壓就行了。在十五或是二十年之後，這種教育方式就一定會結出一枚苦澀的果子。

如何培養孩子正確使用金錢的習慣其中所涉及的道理很簡單、很淺顯。父母需要做到以下幾點：

在制定計畫的時候，要小心、謹慎；在提出計畫的時候，要冷靜、沉著；在執行計畫的時候，要堅定、柔和；在承諾給

第19章　教孩子正確使用金錢

予孩子權力和責任的時候要坦誠；在孩子犯錯的時候，要寬容大度。

　　但是，擁有這些品格的父母可以說是少之又少。例如，母親做出了一個安排，孩子可以在每個星期六得到一定的零用錢。但是，母親卻在兩三個星期之後將這件事忘得一乾二淨。當孩子過來詢問的時候，她卻氣急敗壞地吼道：「現在不要過來煩我。我現在很忙。還有，我現在也沒有錢。」或是當孩子提前兩三天花光了錢時，他會跑過來要求母親再給一些零用錢。在這時，母親說：「你一下子就把零用錢給用光了，這樣做是錯誤的。我決定不再給你錢。但是，我只再給這一次。下不為例，記住了。」又或者，在一些緊急的情況下，父母挪用了孩子為某個特別目的而積攢的錢，過後卻又忘記還了等等。

　　以上種種缺乏體系且又善變的教育方法，將讓父母之前的所有努力都付諸流水。也就是說，想要透過這些方法來使孩子學會如何更好地管理金錢，如何在履行義務時確保準時和忠實，無疑是異想天開。這種培養方法會產生這樣的後果：在他還是一個男孩時，就會被人認為是一個揮霍無度、粗心大意、自私的男孩，並因而被人恥笑；而在他成人之後，他就只能與那些毫無信譽、言而無信、為了獲得金錢而不擇手段的傢伙混在一起。在把孩子培養成這種人的「努力」上，父母一定會取得巨大的「成功」的。

第 20 章
體罰並不是好方法

　　這樣一本闡述如何透過柔和方式來建立和維持有效教育的書中，體罰這一內容應該不會占有一席之地吧。但是，我們在這裡只是從一個哲學的角度出發，對這種方法進行簡短、清晰的審視。

《聖經》的訓導

　　在《聖經》中，許多教育孩子的內容都被認為是極為重要的。毫無疑問，在那些段落中，「棍棒」一詞代指父母的權威，這與古希伯來作家在行文習慣上是一致的：即透過一些肉眼可見的實體，或是其他實體來代表一般性的概念。例如，寶劍象徵著君王的權威；太陽、雨雪被認為是自然向邪惡和善良賜予的真誠和有益的力量。這都不是特指、專指一些具體的事物，而是代指自然界所有的有益影響。因此，在所羅門的訓喻中，關於「棍棒」的使用無疑會讓許多父母認為在建立對孩子的絕對權威時是必需的。但是，父母也可以透過柔和的方法來獲得絕對的權威，沒有父母會願意使用「棍棒」。而如何做到這一點則正是本書所要告訴讀者的。

　　因此，從這一點看，孩子毫無疑問要屈從於父母的權威。那些遭到後人爭議的段落卻正是表明了這一偉大真理。孩子一定要受制於父母理智的教育，這是事實，但這應該是父母的理智，而不是父母對孩子心靈的控制。如果孩子天生聰穎，能夠馬上明白什麼對他是最好的，而且有足夠的自制力去追求適合自己的東西，抵制住自身的動物性本能、傾向等不良誘惑，那

麼,孩子就沒有必要在那麼長的時間內受制於父母的權威。但是,只要他們心智仍不成熟,父母就無法對他們完全放心。因此,他們也就必須服從於父母的意志。孩子越早明白這一點,父母的教育所能收到的效果就越好。對於父母、孩子而言,都是如此。

何時會用到體罰

如果有可能,父母一定要透過柔和的方法來建立對孩子的權威。但無論如何,這種權威是必須要建立起來的,而且還要牢牢地加以鞏固。如果父母除了對孩子採取體罰的方式之外,就不知該如何教育孩子,那麼,體罰也比放任自流強多了。如果我們的眼光能看得更遠一點,我們就會發現,在某些情況下,父母對孩子的體罰是建立權威的唯一方法,有兩種情況是需要特別考慮的。

1・「老師」實在太無能

一位在大學任教的老師發現,因為前任老師的教育不當,班上的一些學生變得難以教育和駕馭。這位老師發現如果不採取「棍棒」的政策,就無法建立起自己的權威。如果情況真是這樣,在某種程度上,也顯示了這位老師的能力匱乏。因為這位老師可以透過對人性的了解,利用一些技巧,或是在旁人看來很神祕的方法,與這些學生成為朋友,給他們一些教育。老師無需使用任何帶有暴力性質的行為、責備,甚至連眉頭都不

用皺一下，就可以使學生在一週之內完全服從自己。而也許，現在是每個老師都應該掌握這種能力的時候了。事實上，世界正明顯地朝著這個趨勢發展。在最近一段時期，老師的教育方式和教育模式已經開始對學生產生越來越重要的影響。

今天，在這一方面，我們的觀念與那時相比發生了驚人的變化。現在，在不實施體罰的前提下，老師能否管得住男孩，展現了老師在運用技巧、知識以及正確認知方面的能力。也許，現在我們還不能一下子就要求所有的老師都掌握這種技能，以確保他們在日後的任何情況下，都不會對學生使用體罰。但發展潮流卻是迅速地向著這種趨勢在前進，甚至在某些國家可能已經達到了這種程度。在那個時代完全來臨之前，現在有些老師還是靠對學生的體罰來讓學生學習一些道德或是智力能力。這些老師應該意識到，自己缺乏對學生能力的了解、缺乏控制自己的必要技巧，正是這些使自己在教育孩子的時候只能採取體罰的方式。儘管這樣，我們也不能因此而完全怪罪於他。

2・因父母的疏忽和教育不善而被寵壞的孩子

在一個家庭裡，由於父母疏於教育或是教育不當，男孩們會養成粗魯、叛逆的毛病。而對人類心靈的感情和衝動的認知，父親資質不夠，又是那麼的愚鈍。在這種情況下，我甚至願意承認，這其中的問題在於，是否該透過體罰的方式來獲得孩子的服從，還是放任他們為非作歹。如果父親忙於自己的事情而忽視了對孩子的教育，父親與孩子之間從來沒有建立起任

何共同分享的情感紐帶，父親對孩子所喜愛的東西毫無興趣，那麼父親也沒有足夠的能力透過道德的力量來使孩子養成服從自己的習慣。如果孩子的母親是一位軟弱、優柔寡斷的女人，她沉迷於追求時尚潮流，而把教育小孩的任務交給保姆；在這種教育之下，孩子當然會變得暴躁、為人刻薄、難以駕馭。但他們逐漸長大，體內不斷增加的精力讓他們變得躁動不安，變得越來越難以相處。通常，在這種狀況下，父母又沒有足夠而適當的知識和能力，採取柔和的辦法來改正孩子的錯誤。在他們眼中認為可行的辦法，不是對孩子進行體罰，就是把這個難以駕馭的傢伙送到學校去。幸運的是，後者是最適合的，也是父母們經常採用的方法。如果連這種方法都無法把孩子教育好，那麼，相對於放任不管，父母的「棍棒」政策還是要強得多。

　　在我看來，父母都應從一開始就以本書闡述的道理或是類似的方法來教育孩子。無論在任何情況，都要謹記不要對孩子使用暴力。

孩子固執地與父母持久對抗怎麼辦

　　如果孩子非常固執，或正處於氣頭上，母親卻強迫孩子去做他拒絕做的事情，母子倆將會因此陷入一場對抗。這在我看來是很不明智的做法。如果在父母適度的警告之下，孩子屈服了，這問題並不大。儘管孩子還處於年幼時期，但有時他的固執以及對某事的堅持時間的長短卻會顯示出一種神祕的、難以解釋的東西。在一些低等動物中，我們有時也會觀察到相同的、不可思議的固執性。我們一般會認為，孩子維持這種固執的原因，是他的理智和壞脾氣奇怪地結合起來了。對此，我們難以做出解釋。孩子在這種爭執中表現出來的堅持程度讓我們感到震驚，這不是一般理論可以解釋清楚的，他們的大腦被刺

激得異常興奮。從很多例子可以得知，有些孩子堅決不服從父母的一個很簡單的命令。而在大多數情況下，在孩子進行長時間的對抗之後，父母會絕望地做出讓步，而且還要迫不得已想出一個貌似合理的理由來結束這種對抗。

事實上，當我們認真思考這個問題時，可以看到，父母想在這場對抗中取得勝利是多麼困難。因為這無疑要讓孩子從心底服從你的意願。透過一些言語上的恐嚇，我們可以控制另一個人的身體活動範圍，還有許多間接方法來勸誘孩子服從我們。但在這種對抗中，我們卻總想嘗試透過一些外在的力量來使孩子服從我們的意志。因此，父母想在這場對抗中「取勝」是一件難事。

有時，為了維持自身權威，父母或老師會捲入與孩子的對抗之中，但是，這是毫無必要的。在我看來，當孩子固執地拒絕去做自己必須要做的事情時，在這種情況下，想要避免這種對抗的發生，父母可以給孩子一些適當的懲罰，迅速地將整件事結束。父母絕不要妄想透過不斷的懲罰，最終可以使孩子服從。例如，一個孩子和媽媽逛商店時，想買一頂綠色的帽子，媽媽卻認為孩子應該戴一頂灰色的帽子才合適。她把那頂綠色的帽子放回原處，而給孩子買了一頂灰色的帽子。孩子死活不肯要，還狠狠地把灰色帽子扔在地上。這時，母親會變得氣憤難抑，於是決定懲罰孩子。她要求孩子馬上將扔在地上的帽子撿起來，她認為這樣做是孩子的職責。如果孩子拒絕，她會堅持懲罰孩子，直到他把地上的那頂帽子撿起來，戴在自己的頭上為止。

第 20 章　體罰並不是好方法

　　但在我看來，結束這種對抗更為穩妥和有效的途徑是，母親需要全面地審視整件事。其實，在這件事情上，孩子只是在反叛母親的權威。母親可以將帽子撿起，放回原來的位置，然後考慮一下該如何對孩子做出適當的懲罰。她可以禁止孩子外出，也可以保留這次懲罰，或是在哪天晚上讓孩子提早一個小時上床睡覺。總之，母親決定是否加重對孩子的懲罰，一定要考慮到孩子的年齡和其他的因素。無論怎樣，她把整件事限制在孩子對她的一次性不滿和叛逆上，而沒有重新再對孩子發出命令，沒有再給孩子重複固執行為的機會，因而也就不需要再對他進行懲罰了，這件事到此終結。又比如，一個男孩在對著母親背誦課文時，故意漏讀了一些詞語。母親沒有因此與孩子進行任何爭論，而是把書合起來，放在一邊。男孩清楚在這種情況下，母親通常的處理方法就是晚一些再對他進行懲罰。他對母親說，如果能再給他一個機會，他會把剛才漏讀的那些詞語補上。

　　「不行，我的孩子，機會已經過去了。你應該在合適的時候盡到你自己的責任。你沒有聽話，我會決定自己該怎樣做的。」母親說。

　　在這種情況下，當這件事引起的一切興奮和激動平復之後，母親會找一個適合的時機，對孩子錯誤的行為採取一些適當的懲罰措施。如果這種方法始終能夠以一種鎮靜、柔和、堅定的方式執行著，那麼母親將最終取得圓滿的勝利，而孩子這種反叛的念頭也會慢慢地消退。

軀體的疼痛會很快過去，心靈的創傷會停留很久

在日常生活中，在一些緊急的情況下，對孩子體罰是父母採取的最為短時的處理方式。在當事人處於氣頭上時，體罰的方式可能是最有效的。父親可以很快就出手打出一巴掌，母親也知道在當時自己是沒有充裕的時間去選擇一些更加柔和的方法來處理。儘管她也會承認，如有足夠的時間，她也會採取一些柔和的方法，而柔和的方法當然是最佳選項。本書所講的處理方法是需要父母花費時間和精力去做的。更為重要的是，他們要有一顆堅定執行的心。現在有一些父母，他們對孩子日後的幸福和快樂沒有給予足夠的關心。父母只要想，到了年老時，自己的幸福是多麼依賴於兒女時，他們也許就會翻然醒悟自己當初不應該忽視孩子。這種醒悟足以讓他們為此投入更多的時間和精力。到那時，他們無疑會找到比這裡所推薦的更為有效的途徑去實現這一點。

即使在一些極端的情形下，父母也千萬不能使用體罰的方式。在我看來，其中一個重要的原因是，體罰會留下傷痛，這種傷痛不是留在孩子的心靈中，因為孩子心中的傷痛馬上就會過去；這種傷痛是留在父母的心中。這種記憶在一個孩子的身上會很快消失，而在父母心中則會停留很久。更為可怕的是，這種傷痛的記憶可能會在未來的日子中又重新泛起。鑑於這樣的思慮，無論出於什麼原因，父母千萬不能在氣頭上對孩子體罰。儘管孩子當時所犯的錯可能會讓你感到無比氣憤，你也覺

第 20 章　體罰並不是好方法

得自己必須懲罰他才能消除心頭之氣。現在，當你心愛的孩子因粗心大意而犯下一些錯誤或造成失敗時，這些會讓你氣急敗壞，你不妨冷靜思考一下，孩子之所以犯錯，很可能是由於他的身心還處於一種發育的狀態。

隨著身體的不斷發育，孩子會變得充滿活力，變得易於衝動，變得喜歡喧鬧，這些都會讓你感到煩惱。當孩子的這些機能漸漸到達了成熟階段，他也就從一個受你控制的孩子成長為一個真正的成人。當他獨立之後，他會時不時地回來看望這個記載了他年少光陰的家，懷著對母親的感激回憶，給你帶去充滿愛意的禮物。而此時，你或許會為自己當年一怒之下讓孩子遭受痛苦而感到內疚萬分，或是想著如果當時能採取其他的方法來達到目的，那該多好啊！在多年過去以後，當你驀然回首，當初孩子讓你感到憤怒的那些表現早已經不見了，但你還是會因為自己當年對孩子的懲罰而感到莫名的傷心和難過。你可能會自言自語地說，我當初那樣做也是為他好啊！如果我不那樣做，我的孩子可能就不會像今天這樣成熟了。如果孩子還記得這些事情，他毫無疑問會附和母親的這種說法。但對雙方來說，這些刺痛的回憶仍是存在的。

本書的主要內容還是那句話 —— 父母一定要教育好孩子。父母必須要維持對孩子的絕對權威，倘若父母有足夠的能力運用柔和的方法去實現這一點，那就再好不過了。

第 21 章
讓孩子知道對父母感恩

第 21 章　讓孩子知道對父母感恩

　　許多父母常常會因孩子毫無感恩之心而感到痛苦不已。他們希望可以得到孩子對自己的愛，他們也會盡自己的全力去獲得孩子的這種愛。他們為孩子做出各種犧牲，在生活的各個方面中表示出對孩子的愛意。但是他們卻常常感到，作為回報，自己並沒有得到孩子的感恩和愛意。如果他們看到孩子的感恩舉動，內心就會感到快樂、幸福。但孩子表現出來的卻只有自私。孩子在遇到麻煩、碰到危險的時候，會二話不說馬上跑到父母身邊。孩子認為，在父母身邊可以獲得安全和滿足。但我們也經常看到，他們對父母給予他們的安慰和快樂卻回報甚少，甚至從來沒有回報的這種念頭。他們覺得自己沒有必要去做什麼事來讓父母感到高興。倘若說每位父母對孩子都有這種感覺，就有點誇大其詞了。但是，有這種感覺的父母，比例還是很大的。

▎愛的兩種形式：獲得愛，給予愛

　　在一個成熟的心靈中，往往會產生兩種截然不同的愛。這兩種愛都是對某一事物表達感激，即獲得愛和給予愛。事實上，這兩種愛又是相互交織的，或者說是處於一種緊密的結合之中。但它們的本質卻是迥然不同的。打個比方吧，有一個年輕貌美的女士，她可能對約會的紳士有著強烈的迷戀，就像一位妻子對自己的丈夫那樣，她們都想從對方那裡獲得特別的關愛和注意。如果他邀請她乘馬車一起郊遊，或是送她一份禮物，或是向她表現出比別人更多的思念，千方百計地逗她開

心，她就會感到非常開心。這就是愛，是很純潔的愛，其表現的形式是，她想從心中所愛的人給予的友善和幫助中獲得特別的樂趣。這種愛無疑是真實的，因為很多人都可以從他們的經驗中得知。這種愛可能很強烈，但是她卻不想犧牲自己的娛樂和舒適來回報對方。

同樣的道理，一位紳士可能對一位女士充滿了愛意。他願意走進她的世界，喜歡和她在一起。當她做出一些犧牲來表達自己的愛意，或是以其他方式來表達愛意時，他會感到十分高興。這種愛可以與另一種愛相結合，這又讓他反過來為她做出犧牲。這兩種愛，通常是共存的，但是性質卻截然不同，而且顯得那樣涇渭分明。我們看到其中的一種愛意是那麼強烈，而另一種卻顯得那樣黯淡。你愛一個人，只是想從他那裡獲得關心和幫助，而在與己無關的事情上，卻很少想過自己也要努力地幫助別人，讓他們也感到舒適、幸福。另一方面，你可能深愛著一個人，可以為他的幸福做出所有犧牲，克制自己來讓對方獲得幸福。

在一些情形下，這兩種愛其實是完全分離的。這兩種愛可以完全獨立存在。有一個好心人出於對窮人的善心，可能願意大費周折讓他們感到舒適、幸福。在這個過程中，他因取得的成就感到快樂，但他對他們卻絲毫沒有另一種愛，他沒有想要從對方那裡獲得關心和友善，也沒有想走進他們的世界。

另一方面，孩子對母親的愛卻剛好與上面的例子相反。孩子對母親的愛有以下表現形式：他們喜歡和媽媽在一起；在悲傷、痛苦的時候，他們想從母親的懷裡獲得慰藉。當然，他們

心中也有想要努力地回報母親的願望，例如，平時要多聽母親的話，為她的幸福犧牲自己等。

孩子情感發展的順序

　　這兩種愛在心靈中顯示的特點和性質是不同的。它們在發展過程中，在人生的不同時期分別到達成熟期。所以，有些母親會因無法喚醒孩子心中對自己的感激之情，得不到孩子給予的安慰和快樂而感到苦惱。母親這樣的想法，與在錯誤的季節收穫果實的願望其實是一樣的。在孩子小的時候，母親獲得的是孩子的第一種愛，在孩子慢慢長大之後，倘若妳能夠耐心地等待，妳肯定會獲得孩子的第二種愛。現在，每當有緊急的事，他都會跑到妳身邊，向妳要他想要的一切。其實，在碰到

困擾、遭受痛苦、失望、悲傷的時候，除了在妳的臂彎，他無法從其他人那裡獲得安慰了。但是，當妳生病之時，他卻無動於衷；當妳正忙碌之時，他會時不時地打擾妳；當妳疲倦之時，他會不管三七二十一，一定要妳背他。

但在他到一定的年齡後，這一切都會發生變化。二十年後，他會把所有的煩惱都掩蓋起來，不會再找妳尋求慰藉。他會在自己的世界裡追尋目標，不再整天圍著妳轉。但他會一直記得妳曾經給予過他的安慰和快樂。在妳年老之時，他會時常看望妳，帶去妳喜歡的禮物，給妳無限的關心，做一些讓妳高興的事。受傷的時候，他不會再往妳那裡跑；但如果妳發生了什麼事，他會二話不說地趕到妳身旁給妳幫助和安慰。因此，在這個時候，妳就會獲得孩子對妳感恩的愛，妳會因此感到滿足。當他還小的時候，他給予妳的是第一種愛，因為他仍然處於發展的階段。這個事例說明，人類的心靈的功能，或者說人類靈魂的發展趨勢，就像動物的本能一樣，是按照一定的時間順序逐漸發展完善的。

誠然，當一些孩子對他們的父母表現出這種愛時，我們仔細觀察就會發現，孩子的這種行為和一些低等動物在年幼的時候，必須依靠父母提供的食物和保護的本能，這兩者之間存在著驚人的相像。小雞在任何驚恐的時候，都會跑到母雞身邊；小羊、小牛、小馬亦是如此。但假如牠們的母親身處險境，牠們想要去營救母親的念頭卻是很微弱的，而母親在這種情況卻剛好相反。假如這些動物的母親也是有心靈的，那麼這顆心裡一定是充溢著對後代的無盡的愛，卻沒有一絲想要從孩子那裡

第21章　讓孩子知道對父母感恩

獲得回報的念頭。但是，人類和低等動物之間還是有區別的。這種區別展現在他們的本能中，至少在某些方面是與本能相類似的自然天性上。

當人們在年幼的時候接受父母的恩惠，而長到了一定的年齡之後，他們就會開始回報父母。而在低等動物中，這種情況好像很少出現過。嗷嗷待哺的小鳥在母親回巢時，只顧張開嘴巴。當牠們羽翼漸豐，牠們就要不顧一切試著飛行了，全然不顧母親的憂慮和心焦，牠們對此也沒有一絲體諒。當牠們羽翼豐滿，就會一飛而不再回頭了，永遠地離開了那個曾經養育過牠們、不知疲倦地為牠們提供保護和食物的母親；更別說是在牠們母親年老時，為母親提供保護和食物。

小孩子會很任性，對自己所要承擔的責任和義務毫不在乎，對母親的願望和感情也是毫不關心。因為此時，他對母親的愛表現在：當缺少東西、遇到煩惱、悲傷時，他會跑到母親身邊，向母親尋求安慰和保護。而當他長大之後，他就會以一種感恩之心去回報母親。在這時，他對母親的愛就會轉變成另外一種愛，他不再想從母親那裡獲得什麼，而是只想向母親回報更多。當母親缺少什麼，他就會盡全力去幫助她；如果母親處於悲傷之中，他就會給予她安慰；他會懷著感激之情把一些東西回報給母親，讓母親在家裡能夠過得高興；在母親老年之時，他會揣著真誠的愛去看望一直愛著他的母親。

孩子所有的這些變化，不是人類達到成熟之後就會自動出現的本能，而是人類心靈發展成熟使然。必須承認的是，這種能力在某些情況下發展的速度是很緩慢的，而在有些時候，甚

至根本得不到發展。但在人類的本性中卻總是有這種發展的潛力，而低等動物則沒有。

現在，父母必須要耐心地等待孩子這些情感的成熟。倘若這種情感還沒有出現，父母也沒有必要感到煩惱。父母可以透過一定的努力來培養孩子這種情感的發展，這對孩子朝著這方面的發展有積極的影響。這種做法和培養孩子的道德感的原理是一樣的。與培養孩子的同情心和憐憫心一樣，培養孩子對父母的感恩之情，也不能透過乾巴巴的說教，讓孩子以為這是自己的職責所在。父母應該讓孩子愛上自己，然後再順其自然地向他展示出這些感情。相反，如果父母透過一種不自然的方法來達到這一點，會讓孩子感到憤怒，會在孩子的心裡留下陰暗面。而你自己也會因此而經常臉色陰沉，在孩子違背自己的意願時給予強烈的指責。

所以想要喚醒孩子心中對父母的感恩，父母一定要謹慎地去認同孩子的想法，和他們產生共鳴。小孩服從母親時，會表現得很不情願，假如母親以一種直接、淺白的方式與孩子進行「正面交鋒」，向他解釋自己的義務 —— 他應該要去做一些事情來回報父母，但是，這樣的說教是發揮不了任何正面作用的。孩子反而會覺得這是母親的責備，無論表達這種責備的方式是多麼的溫和、謹慎，都將使孩子充耳不聞，這些是母親所必須要銘記的，就這麼簡單。

但是，當孩子願意做出一點點犧牲來讓他的母親感到高興時，母親也應該有所表示。這時，她說話的語氣應該充滿讚揚、鼓勵，這會使效果大為不同。這種情感是不會被孩子拒

第 21 章　讓孩子知道對父母感恩

絕的，他會敞開自己的心扉來接受。這種形式的對話將會取得積極的效果。即便母親的說教有點迂腐，也還是會取得一定的效果。

我們可以把這種共鳴感作為接觸、影響孩子心靈的一條途徑。例如，在某個春天的早晨，在吃早餐之前，母親和七八歲的小女兒站在門口聽著附近樹上小鳥在唧唧喳喳地唱歌。母親指著樹悄悄地說：「聽！」

當聲音停止的時候，她以一種興奮的表情望著女兒說：「因為小鳥唱了這麼悅耳的一首歌，妳覺得如果我們把一些麵包屑分給牠們吃怎麼樣？」

「好的。」女兒說。

「真的嗎？」

「是的，媽媽。我非常樂意分一些麵包屑給這些小鳥。妳認為牠們是在為我們唱歌嗎？」

「我不知道牠們是不是。」母親說，「我並不知道牠們唱的歌是什麼意思。不過我想，牠們看到我們應該是很高興的，否則牠們不會成群結隊地來到我們的屋前。牠們也有可能是看到我們站在門前，所以才會快樂地唱起歌來。不管怎樣，如果我們把這些麵包屑當作對牠們唱歌的獎賞，這一定會很有趣。」

女孩也是這樣認為，然後她雀躍地跑去把一塊麵包撕成屑狀，撒在路上。

整件事將會喚醒她心中尚且朦朧的感恩之情，並且珍視這種情感。在這個事例中，即使母親的做法取得的效果可能不會

很大，但是這種做法卻是正確的。這就好比一株剛從地面上探出頭的嫩芽，一滴甘露滋潤了它的嫩芽，然後慢慢地滲透，繼續滋潤它的根系。當女孩獨自坐在門前，專心致志地把麵包屑一點一點扔給小鳥，心中會回想著母親說過的話。如果之前孩子心中這種感恩的念頭還沒發芽，那麼從這時也就開始發芽了。

感恩教育的培養

當然，母親利用小鳥唱歌對孩子進行教育，這種做法只適用於年齡很小的孩子。而對稍大一點的孩子來說，個中原理還是一樣的，但是處理的狀況和方式，必須要符合一個相對成熟孩子的心智。舉個例子吧，羅伯特今年十二歲，在身體逐漸康復期間，比他大兩歲的姐姐瑪麗經常前去照顧他，還不時地給他帶去書本和玩具逗他開心。在一個春光明媚的早上，身體完全康復的羅伯特和母親一起坐在花園裡晒太陽。母親對他說：「在你生病期間，瑪麗對你真好啊！」

「是的，她真的很好。」

「如果你願意做一些事來報答她，我可以告訴你怎樣做最好。」母親說。

如果沒有母親這樣講，羅伯特可能就不會特別地想到應該做什麼回報的事情。羅伯特說自己很願為瑪麗做一些事情。

媽媽說：「那麼，你可以在院子裡為她建一座小花園啊！我可以整理出一張床大小的地方，讓你在那裡種一些花，我會

幫你買一些種子，我將為這個小花園出自己的一份力。你也知道，在你生病期間，她也幫了我不少忙。」

「好的，我很願意這樣做。」羅伯特爽快地說。

「你現在身體好多了，又回到之前強壯的狀態。所以，你可以很輕鬆地完成這件事。但除非這是你自願去做的，否則，我不能逼一個男人去做這件事。如果你自己願意做，瑪麗會覺得很高興的。因為這代表了你對她的感激和愛。」

「是的，我願意自己一個人完成。我現在就開始做。」

如果沒有母親的這個建議，羅伯特很可能不會產生任何報答姐姐的念頭。其實，在他的心中，這種感激之情是存在的，或者更準確地說，這種感激之情存在於他的潛意識之中，但是，這種感情還需要別人一點點地指引和點化才能使之覺醒。值得注意的是，母親不僅教會了孩子要對別人給予關懷，同時還指引他以實際行動去做。那麼，這種潛意識就得到了催化和生長。這樣，下次不用母親提醒，孩子心中的這種感情就會自動冒出來，就好比從地面探出頭的植物，它所處的環境並不完全有利於成長，因此它需要幫助和鼓勵。在適宜的時候，幾滴甘露將有助於讓它健壯。到最後，它就可以不需要外在的說明了。

但這樣做一定要有周詳的考慮、足夠的技巧，同時也對當時的情況有準確的掌握，但最重要的一點是，這一過程中一定不能包藏著任何自私的目的。否則，這就好比你對一株還很稚嫩的植物給予過度的灌溉，將會淹沒、摧毀它。你嘗試對孩子作一些道德上的說教，而實際上卻隱藏著其他的目的，表面上

的道德說教只不過是一個幌子。

例如，在與上面類似的另一個例子裡，在埃格伯特生病期間，姐姐也給予了他無微不至的關懷。埃格伯特剛從病中康復，他在某天的下午跑到母親身邊，要她准許自己跟其他孩子一起去釣魚。對於釣魚，他總是充滿興奮和熱忱。但是，母親看到天邊的烏雲，想著他的身體還沒有完全復原，所以不想讓他去。另外，她還擔心存在其他危險。在深思熟慮之後，她做出決定 —— 不能讓孩子去。但是，她並沒有以一種冷靜的語氣說出這些話，儘管這無法讓孩子避免失望，但是至少可以減少這種不滿的情緒持續的時間和程度。相反，她不說任何理由，堅持自己的決定。

「不行！埃格伯特，如果我是你，我是不會在這個下午去釣魚的。我想，馬上就要下雨了。還有，在這樣涼快的天氣中，在花園裡玩耍是最好的。露絲想在院子裡有一個自己的花園。在你生病期間，她對你是多好啊。你為她建一個花園作為報答吧，這是一個多麼好的主意啊。我想，你也想證明自己不是一個忘恩負義的人吧？」母親說。

接下來，他們母子倆又進行了幾輪的交鋒。埃格伯特始終以一種死纏爛打的方式，堅持說自己要去釣魚。他說，自己可以改天再建造花園。儘管很不情願，母親最後還是同意了。因為，在孩子最開始說要去時，母親表示堅決反對。所以，他們之前的對峙剔除了母親的許可中所可能包含的一切慷慨和親切成分，而且還糟蹋了孩子去釣魚的樂趣。而當他去釣魚的時候，她還是照樣那麼擔心。

第 21 章　讓孩子知道對父母感恩

　　在這種教育方式中，我們可以清楚地看出，儘管從表面上來說，母親要求孩子要懷有感激之情，但卻沒有取得半點成效。孩子的這種情感尚處於萌芽狀態，但母親這種急功近利的方式只會使孩子變得比以前更加自私、更加冷漠。

　　因此，培養孩子形成這種感恩的情感是一門藝術。這跟培養孩子道德觀念的原理是一致的。我們不能透過赤裸裸的說教或是填鴨式的教育來讓孩子擁有這種感情，這是需要技巧和能力的。最為重要的是，要有一種沒有城府的誠實和坦蕩。母親要發自內心地希望在孩子的心中樹立起正確的道德觀念，而不是在表面上做些形式上的工夫，達到自己一時的目的。孩子往往很容易能夠看透父母各種潛藏的目的。他們有時會用這一招來誤導父母，但他們在洞察別人是否用這招時，卻更為厲害。

　　其實，父母採用正確的方法，以柔和、謹慎的方式來教育孩子，這對父母並沒有多高的要求，需要的只是一種正確的精神。這樣，隨著時間的推移，父母的教育必然能取得好的結果。母親能堅持這種正確的做法，卻又不能急於讓其結出甜美的果實。她們將會饒有興致地看到，在孩子長大之後，受內心的驅使，就會自願地承擔一些麻煩和責任，或是犧牲自己來為母親帶來一些樂趣。到那時，母親就會感到雙重的滿足。她獲得了孩子帶來的樂趣，同時她也很高興地發現，曾經一度看上去脆弱的植物，甚至還曾一度絕望地認為不會結出任何好果實的植物，居然能夠撐到成熟結果的時節，甚至在她日後的歲月裡可以收穫到更多的真誠而又豐滿的果實。

第 22 章
結語

第22章 結語

　　對每個人來說，只要掌握了審視與分析自己心靈的技巧，就能發現一個普遍的規律：一些外部的風景及因此在內心所形成的心理圖像，或是一些在想像中讓他感興趣的事情，都是因為之前的事情中或多或少地存在這些原型而形成的，而且通常是受到一些兒童時期所經歷的事情影響而形成的。例如，他曾經讀到過一些發生在英國皇宮或是城堡的故事。如果他仔細思考，就會發現在他腦海中對這些畫面所形成的基本概念，通常是源於他在早期生活中因為看到過一些漂亮的房間，然後進行整理從而形成了屬於自己的記憶。因此，那些吸引我們注意力或是在童年時期給我們留下深刻印象的一些事情，便都成了人們腦海中記憶的原型，這些對我們日後所形成的觀念多少會有影響。

人生早期留下的印象影響深遠

　　只要仔細地想一下這個問題，或是認真地思考一下自己心靈的運行狀態，很多人就會注意到，在兒童時期，在他們腦海中留下了印象進而形成基本心理結構的那些事情，將會對日後的生活產生多麼深遠的影響。人們一旦明白了這個道理，就會知道，這些在兒童時期留下印象的事情在自己的心裡占據了非常重要的位置。不過，如果一個孩子第一次登上一座高山，在他大腦中因為之前聽過的或是讀過關於高山的描述而形成的印象，便會因此而有所改變。又如，你的女兒住在農村，有一次旅行到海邊，她在峭壁上靜靜坐著整整一小時，看著海浪

不停地拍打著沙灘。這一個小時的經歷帶給她的滿足感是微不足道的，但是這個場景卻能對她的一生產生重大影響 —— 即使不是在心理結構上，至少也會在她腦海中形成永遠抹不掉的印記。在她腦海裡形成的畫面，以及與之相連的情感和對她的想像與概念的影響，在有生之年，都將為她的精神注入持續的活力。

▌童年時形成的基本概念貫徹終生

　　成年人的心理結構在形成過程中，如果涉及到與道德相關的一些抽象與概括性觀念，與上面所說的道理也是相同的，因為上述這些觀念將對人們的思維習慣及性格的形成產生重要影響。這些影響主要是由童年時期存在於腦海中的印象慢慢發展而成的。例如，一個人要在經過許多事情之後，才會對「正義」、「善良」這些具有深刻含義的詞語逐漸產生充分的了解。當然，在這些觀念中，童年時期形成的印象一定會在大腦中占據很大一部分。因此，在每一個故事中，你跟孩子講關於正義和善良的道理，在當時這或許只是一種零碎的印象，但正是這些在日後成為影響他們價值取向的關鍵之一。

▌父母應該給孩子一個快樂的童年

　　在童年時期，人們看到的畫面和腦中的印象所形成的觀點或是概念，將在日後成為構成他們心理思維運行的元素之一。它們本身也是心靈結構中的一部分。之前殘留的印象會對

第 22 章　結語

我們日後的行為產生影響，這看似匪夷所思，但卻是真切存在的。有些哲學家堅持認為，人類的意識其實只是我們記憶中的殘留印象所形成的一種必然產物，而它們又融合成一個複雜而又和諧的整體。當然，我們不能如此激進。但我們只需稍微想一下，在嬰兒時期或是童年時期所形成的印象的性質和特點，會影響我們成年之後的許多思維、觀念和行為準則。因此，所有的父母都應該意識到，給孩子一個快樂的童年，這不僅是為孩子眼前的快樂、幸福著想，更肩負著塑造孩子心靈的重要責任。父母有必要考慮到孩子的現在和將來。對那些可能進入孩子印象的事物要格外小心和注意。在建造這種基礎的時候，一定要小心謹慎。

這種思想的其他影響還讓我們明白，在教育孩子時採取柔和手法是極為重要的。父親一時的粗暴或是憤怒的舉動，雖然給孩子肉體上造成的傷害可以很快消失，但這種傷痛的記憶卻並不會隨著肉體傷害的消失而消失。即便後來這種記憶逐漸消退，但也還是無法讓孩子徹底忘懷。這樣的行為給孩子敏感的感知功能留下的印記將產生持續終身的影響。要記住，有時，這種印記本身就是難以磨滅的。

因此，我們要小心謹慎地教育孩子，要讓他們在童年時期留下的印象成為他們日後生活的幸福之源。誠然，孩子必須要受到我們的教育。在他們的身體機能仍處於萌芽階段，他們必須要長時間處於我們的教育之下。因此，在這一個時期裡，我們要用理智來引導他們，而不是任由他們隨著性子胡來。在這一點上，我們不能作絲毫的妥協。同時，我們也要忠實地履行

自身的職責。如果我們有足夠的洞察力，良好的執行能力，我
們將使孩子的童年生活過得快樂，對身為父母的我們而言，亦
是如此。

官網

國家圖書館出版品預行編目資料

非暴力教育：抑制叛逆心理、鼓勵順從行為，停
止鞭打責罵，孩子也能自主聽話 / [美] 雅各布·
艾伯特（Jacob Abbott）著，胡彧 譯 . -- 第一版 .
-- 臺北市：崧燁文化事業有限公司 , 2023.02
面； 公分
POD 版
ISBN 978-626-357-045-0(平裝)
1.CST: 親職教育 2.CST: 子女教育
528.2 111021229

非暴力教育：抑制叛逆心理、鼓勵順從行為，停止鞭打責罵，孩子也能自主聽話

臉書

作　　者：[美] 雅各布·艾伯特（Jacob Abbott）

翻　　譯：胡彧

發 行 人：黃振庭

出 版 者：崧燁文化事業有限公司

發 行 者：崧燁文化事業有限公司

E-mail：sonbookservice@gmail.com

粉 絲 頁：https://www.facebook.com/sonbookss/

網　　址：https://sonbook.net/

地　　址：台北市中正區重慶南路一段六十一號八樓 815 室

Rm. 815, 8F., No.61, Sec. 1, Chongqing S. Rd., Zhongzheng Dist., Taipei City 100, Taiwan

電　　話：(02)2370-3310　　傳　　真：(02) 2388-1990

印　　刷：京峯彩色印刷有限公司（京峰數位）

律師顧問：廣華律師事務所 張珮琦律師

定　　價：375 元

發行日期：2023 年 02 月第一版

◎本書以 POD 印製